科学与艺术的活动在本质上或许是相通的，因为二者皆需要用想象力观察世界，并能够欣赏到其蕴藏的自然之美。

周忠和

中国科学院院士，著名古生物学家、
古鸟类专家，中国科普作家协会理事长

科学和艺术是从客观主观两个方向看世界的方式，刘夕庆的这本书讲述了科学与艺术联系的许多故事。

钟训正

中国工程院院士，著名建筑学家、
建筑画家，中国建筑学会理事

毕达哥拉斯科学肖像

张衡科学肖像

祖冲之科学肖像

荣格科学肖像

$$F=G\frac{m_1 m_2}{r^2}$$

Isaac Newton

牛顿科学肖像

达尔文科学肖像

$$\nabla \cdot H = 0$$

$$\nabla \cdot E = 4\pi\rho$$

$$\nabla \times H = 4\pi i + \dot{E}$$

$$\nabla \times E = -\dot{H}$$

麦克斯韦科学肖像

门捷列夫科学肖像

爱迪生科学肖像

魏格纳科学肖像

玻尔科学肖像

哈勃科学肖像

刘夕庆 ◎ 编著

玩转科学的『艺术家』

上册

人民邮电出版社

北京

图书在版编目（CIP）数据

玩转科学的"艺术家". 上册 / 刘夕庆编著. -- 北
京：人民邮电出版社，2017.6（2020.12重印）
ISBN 978-7-115-44851-4

Ⅰ. ①玩… Ⅱ. ①刘… Ⅲ. ①科学家－生平事迹－世
界－通俗读物 Ⅳ. ①K826.1-49

中国版本图书馆CIP数据核字(2017)第026281号

内 容 提 要

历史上伟大的科学家通常也是相关领域的艺术家，他们的故事中充满了科学与艺术的交融。本书作者从人类文明史上的诸多科学家中选取了46位既有着蜚声世界的科学成就，又具有艺术修养的知名科学家，独创性地创作了科学肖像画，将这些科学家的主要成就以绘画这种艺术形式表现出来，并生动地讲述了这些科学家"艺术创造"的故事，尤其展现了艺术在科学家于其研究领域获得成就的过程中起到的重要作用。

本书上下册以19世纪和20世纪之交的经典科学与现代科学的分界阶段作为分册点，充分体现了科学与艺术之间的密切联系。

◆ 编　　著　刘夕庆
　　责任编辑　韦　毅
　　执行编辑　杜海岳
　　责任印制　彭志环
◆ 人民邮电出版社出版发行　　北京市丰台区成寿寺路 11 号
　　邮编　100164　　电子邮件　315@ptpress.com.cn
　　网址　http://www.ptpress.com.cn
　　北京七彩京通数码快印有限公司印刷
◆ 开本：700×1000　1/16　　　彩插：6
　　印张：13　　　　　　　　　2017 年 6 月第 1 版
　　字数：260 千字　　　　　　2020 年 12 月北京第 5 次印刷

定价：45.00 元
读者服务热线：(010)81055410　印装质量热线：(010)81055316
反盗版热线：(010)81055315
广告经营许可证：京东市监广登字20170147号

大美不言　大爱无疆

　　刘夕庆的力作《玩转科学的"艺术家"》（上下册）面世了！作者选取了46位既有卓著科学成就，又有高度艺术修养的科学家，以科学美术家的画笔描绘了他们生动的肖像，以科普作家的文笔演绎了他们宏大的情怀！作者将各位科学家的主要成就以绘画的形式表现出来，讲述了他们"艺术创造"的故事，体现了科学与艺术之间的密切联系。我同刘夕庆相识多年了，而相知却是近年的事！我已年逾"耄耋"之年，濒临"风烛残年"；而刘夕庆刚迈入"耳顺"之际，正当风华正茂。之所以成为忘年之交，在于心有灵犀——同有一颗拳拳之"爱"心！

　　2015年夏秋之交，在山东日照举办"第八届海峡两岸科普论坛"期间，日照市科协、科技馆等单位举办了"刘夕庆科学美术作品展"。我曾为展览做过些贡献，并为展览撰写了前言。刘夕庆的画作深深地感动了我！我从中看到了"美"——"一种身心的享受、一种心灵的谐振、一种高贵的品德、一种崇高的追求"，科学之美与艺术之美交融，"美美与共"成就了"天下大美"！"大美不言"引发了我心灵的感应与激荡，动情之处，不禁热泪盈眶！

　　刘夕庆画展中一部分世界著名科学家的"科学肖像"作品受到了与会代表的格外关注，特别是科学家形象的艺术描绘与其主要定量成果的有机

我与刘夕庆

融合，促成了关于他们的一幅幅真正意义上的"科学肖像"的创意；理所当然也引起了人民邮电出版社科普分社编辑韦毅的关注，才有了今天《玩转科学的"艺术家"》（上下册）的出版。

这是一部"科学与艺术交融"的图书！

科学与人文（含艺术）在人类古代文化发展初期是融为一体的。例如：古希腊时期的亚里士多德，他是一位科学家，同时也是一位哲学家和文艺理论家；我国春秋时期儒家学派的创始人孔子，据传《诗经》由他编订，《诗经》不仅是一部文学作品，而且也包含着许多科学知识。后来，随着经济社会的发展和人类知识的丰富，科学与人文才逐渐分开了。现在，由于人类对客观世界认识的深入，科学与人文又将在新的基础上相互渗透、融合。

钱学森晚年曾经认真思考过杰出人才培养的问题。他的观点也由"理工结合"发展为"科学与艺术"的结合。他说："学理工的，要懂得一点文学艺术，特别是要学会文学艺术的思维方式。科学家要有点艺术修养，能够学会文学家、艺术家那种形象思维，能够大跨度地联想。"在谈到科学与艺术的关系时，他说："科学的创新往往不是靠科学里面的这点逻辑推理得出来的。科学创新的萌芽在于形象的思维，在于大跨度的联想突然给你的一个启发。产生了灵感，才有创新。有了灵感以后，再按照科学的逻辑思维去推导和计算，或者设计严密的实验去加以证实。所以科学家既要有逻辑思维，也要有形象思维。逻辑思维是科学领域的规律，很严密，但形象思维是创新的起点。"

科学与艺术是相通的、互为依存的。艺术是形象思维，是模型；科学是逻辑思维，是证明。

正如刘夕庆在自序中提及的，"在100多年的诺贝尔自然科学奖（包括物理学、化学、生理学或医学等）的得主中，现代科学起步较晚的东方国家和地区，如中国、日本、印度、巴基斯坦等地出生的科学人物逐渐涌现出来，并有明显的增加趋势，他们的成就体现在理论贡献或实验成果方面，或二者兼而有之。这是为什么？其中重要的一点，就是他们能很快地掌握在科学研究中引入艺术性创作的要领。""……实际上做了在科学领域进行艺术创新的伟大壮举……"

这是一部讲求"做人的学问"的图书！

人文是指人类社会的各种文化现象。这些文化现象的核心是求索人类生存的意义与价值。人文科学一般包括文学、艺术、历史、哲学、经济、政治、法律、伦理、语言、宗教等。

艺术是艺术家用创新的手法去唤醒人性的真善美，用音乐、舞蹈、形象、语言、声光电告诉人们怎样区别真与假、美与丑、善与恶。艺术给人们以高尚的思想精神境界，促进人类的全面发展。

我认为：科学——解读自然奥秘——求真；文学——感悟人生真谛——至善；艺术——颂扬"三才"（天地人）神韵——臻美。刘夕庆作为科普美术家与科普作家，用文学艺术的心灵与笔触，诠释与演绎科学技术，在本书中为读者架起了一座通往真善美的桥梁，以科学之真和艺术之美感染读者！

我很同意刘夕庆在自序中的最后一段文字——

"这是一本尝试采用崭新视角进行科学普及的书，也是一本尝试采用科学与艺术交融的形式进行写作的关于科学创新的书。写作本书的目的是与读者分享科学家'艺术创造'的故事，说明科学与艺术是人类希望理解未知事物的两种见证，它们分别是客观和主观地看待世界的典范，而且二者之间也存在着有机关联。因此，重视青少年艺术素质的培养对人类未来的科学发展极其有益。"

刘夕庆特有的绘画技法

刘夕庆信奉宇宙最基本、最微小的东西是弦线变构的思想，即"弦论"的演绎。所以，他大多以原始的、极花工夫的线条形式进行创作，他的画作以原创性的艺术表达方式，向观者传递科学思想。在本书中，有很多科学家的肖像是运用这种创作手法描绘的。受科学思想引导所表现出来的创造性艺术形式可能更贴近世界的本质。正可谓，艺术推动了科学的创新，科学又引导了艺术的创作。

我们怀着怎样的心理来阅读本书

阅读刘夕庆的科学美术作品，要怀着"爱"心，从"善"出发，才能理解作品中蕴含的"真"意！

科学要求人们客观地看待世界，强调的是"求真"，追寻的是"解读自然的理性美"；艺术要求人们主观地看待世界，强调的是"臻美"，索求的是"描绘自然的感性美"。但人们如果没有从"善"出发，那就任何"真"和"美"都得不到。人类虽然有时是理智的，但有时情感也会混杂其中——依照爱因斯坦的认识，"善"的激情在追寻"真""美"中起决定作用。

"爱"是人类追求真善美的内在动力，是人类生命的本质（组成人体亿万细胞的DNA中，原本有着天然的"大爱"遗传因子，只是一些不良的社会风气扭曲了人类的天性）。这种生命力可以推动人类进行不懈的努力，去追求、实现真善美，去创造出世界上原来没有的、美好的事物。

我以为，人类要以"爱"来统领真善美。没有"爱"，作者就创作不出真善美的作品。而当观众欣赏一幅蕴含着理性美意境的美术作品时，只有怀着一颗拳拳之"爱"心，才能感悟到其中的"真"意。

高亮之先生在他的著作《爱的哲学》中探讨了人类的本质，探讨了人的天性以及爱与真善美的关系。他认为，真善美是人类所追求的三个最高理想，而爱也应列入人类的最高理想。但是，爱与真善美相比有它独特的性质。符合真善美的事物主要存在于客观世界，它们本身并不是人的一种感情。而爱来自人的内心，是一种理智的感

中国科普作家协会第四届理事会副理事长、终身荣誉理事，科普编创学科学术带头人

情、一种生命的本质、一种生命的力量。这种生命力可以推动人类进行不懈的努力，去追求、实现真善美，去创造出世界上原来没有的、美好的事物。"爱"是人性中应该大力弘扬的重要元素。

柏拉图说："爱的力量是伟大的、神奇的、无所不包的。"世界上一切麻烦的根源，都是缺少"爱"。生态环境要靠爱的力量来维护，和谐社会要靠爱的力量来维持。"爱"是人类的幸福源泉。

让世界充满爱！让人间充满爱！！

作者自述

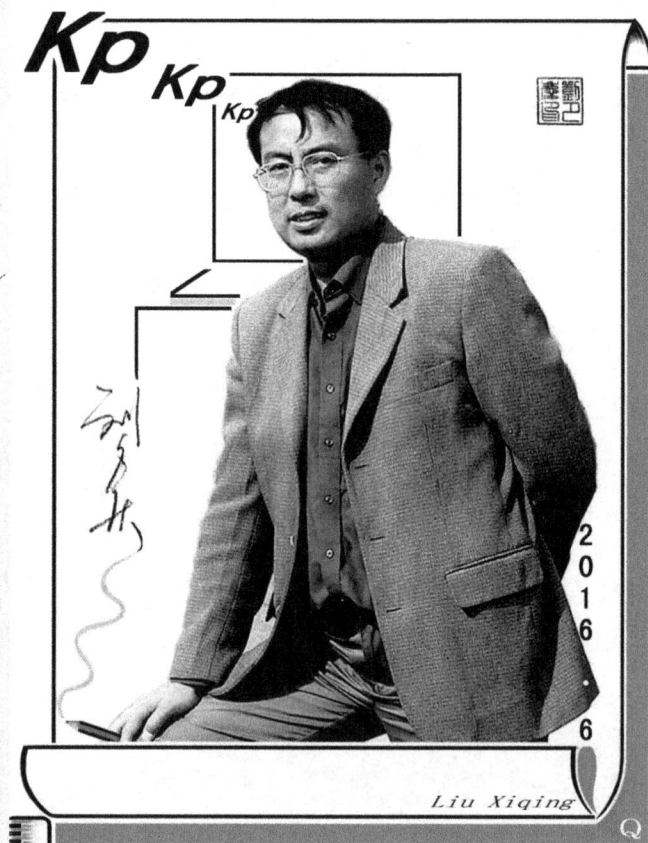

刘夕庆，1957年9月生于江苏省南京市。现为中国科普作家协会会员，中国石化集团公司美术家协会理事，江苏省美术家协会和江苏省科普美术家协会会员。

当下有句话在社会上很流行——"重要的事情说三遍"，而我却是个"重要的事情想三遍"的人："科普、科普、科普"（KP、KP、KP）。在上图中"KP"一个比一个大，用以表明科普创作在我——一个科普作家和科普美术家头脑中愈发重要的地位。之所以这样，主要归因于我对科学与艺术的双重热爱以及接受科技与人文知识的均衡性。

一个兼容科学与艺术的人，创作的原动力主要来自大脑两个半球有益信息的交流互动，交织后所产生的灵感再交给电脑或画笔去"秩序化"地加以实现——2015年9月开始写作本书时我还抽着烟，于是就有了"……以笔代烟，烟缭曲波，波衔吾名，名连案桌，桌举电脑，脑中蕴思，思考科普，普适万象……"之科学肖像的诞生。

序

——有关本书若干问题的说明

在本书的正文之前，有必要对一些读者可能关心而我也认为较重要的问题予以相关说明。

一、书名之来由

让我们先来读一段与爱因斯坦共事多年的美国科学家B.霍夫曼的话（摘自《爱因斯坦，生平和时代》，1971年）：

"爱因斯坦的方法，虽然以渊博的物理学知识为基础，但在本质上是美学的、直觉的。我一边同他谈话，一边盯住瞧他，我才懂得科学的性质；只是读他的著作，或者只是读其他伟大的物理学家或哲学家以及科学史家的著作，那是不大可能理解科学性质的。除了他是牛顿以来最伟大的物理学家之外，我们可以说，他是科学家，更是个科学的艺术家。"

这是我第一次知道有"科学的艺术家"这个深刻而又充满丰富内涵短语的存在。那还是20世纪70年代末的事，当时我参加工作不久，拿着刚发的十几元工资，从中取出约1/10（1.40元），在南京中山东路的新华书店买了一本《纪念爱因斯坦（诞辰100周年）译文集》，随手一翻，一个醒目的标题"他是科学家，更是个科学的艺术家"正好映入眼帘——其内容就是上面的一段文字。开始我对这种称呼很不理解，以现在的流行词描绘，就是科学与艺术怎么还存有"交集"？但此后，随着个人对科学与艺术双重热爱的不断加深以及对伟大科学人物传记的陆续阅读，"科学家"和"艺术家"这两种"截然不同"的人物概念在头脑中的界限逐渐模糊了，后来我在《艺术与物理学》中读到了麦克卢汉的一段话，真正艺术家的概念在我的头脑中越发明晰起来：

"无论在什么领域里，自然科学也好，人文学科也好，谁能把握住自己活动与行为的要旨，谁能领悟出当代新知识的意义，谁就是艺术家。艺术家就是有完整一致悟性的人。"

这段话如此精彩而又贴切，正好诠释了霍夫曼对爱因斯坦"科学的艺术家"称呼的内涵——"艺术家"并不是只在艺术领域进行创作并有造诣的那些人的标签，广义上的"艺术家"应当成为人类一切知识范围内具有"有序"创造精神，并在本领域做出美妙而突出贡献之人的代名词。这种原本看似仅仅作为一种孤立信条的说法在本书中有可能发展为一种正确的系统观念（或可称之为"理念"），而支持这些理念的证明正是本书（上下册）中所列举的46位"玩转科学的'艺术家'"的相关趣闻轶事（45篇）。

值得一提的是，美国学者罗伯特·鲁特·伯恩斯坦在研究了150位科学家的传记后，发现几乎所有的大科学家、发明巨匠同时也是诗人、提琴手，或者是作家、业余画家……例如郎之万、普朗克、爱因斯坦、玻尔，等等。华裔数学大师丘成桐也有同感，因为他自己就是一位出版过诗文集的科学作家。这种建立在"大数据"基础上的统计十分有意义，它验证了许多赞同科学与艺术可以相互融合并能形成互补态势的中外科学家、艺术家以及对这方面有兴趣之人的感觉。从这种表象出发，人们可以从教育学、人才学、创造学、心理学以及综合学科等多种角度找到其中存有的内在联系。

不过，对上述关系的感悟还有待于加深或提高，否则不会形成一种在此领域规范而科学的认识。在写作此书之前，我已在这方面有了一定的思考和素材积累，加之又阅读了大量相关科学家"艺术性"的故事，发现了一些以科学研究为重点、艺术创新观念介入能创造出更大成果的"规律"——这些"规律"在本书正文每位"科学的艺术家"的描述中会一一得到验证。

为了证明"科学的艺术家"这个专有短语的实在意义和所具有的普遍性，近40年后，我将其前面加上"玩转"这个现代的轻松诙谐而又充满能量的时髦词，随即构成了本书的书名，意在说明：最美的科学成果是"艺术家"做出来的——这些科学的"作品"实际上是"最性感"的世界观，它们会像伟大的艺术品一样流芳百世，甚至更为长久——难怪爱因斯坦将其对科学研究的感受比作谈恋爱时的感觉。而书名中艺术家一词加上双引号，一是为了强调，二是为了说明这些做出"艺术性"科学贡献的大师虽然以科学研究为己任，但实际上做了在科学领域进行艺术创新的伟大壮举——这在当时可能连他们自己都没意识到。

二、关于本书的结构

对照欧几里得和牛顿等人的自然科学公理化演绎结构，本书实际上对"科学与艺术"的关系进行了"规律性"的探索。从目录中介绍每位"科学的艺术家"的标题即可看出，它们是从本书书名公式化的结构中推演出来的，而所谓"规律性"的东西则是从全书46位"玩转科学的'艺术家'"的故事中归纳出的带有普适性的观点。也可以说，各种规律由这些"艺术家"们的共性演绎而来，进而又推导出每位科学家的个性化规律（可见目录的标题），最终演绎出了近150个"子规律"（所有文章中的小标题）——它们的整体集合可称为一个关于"科学的艺术家"的规律之演绎体系。

一般来说，创新而成功的结构会包容之前的结构元素——它们是一种莫大的进步，正如哥白尼天体运行体系是建立在古希腊朴素的"日心说"与托勒密天文体系之上的，牛顿力学体系包括了伽利略、笛卡儿和开普勒等众多巨擘的理论与实验成果（有的甚至是直接拿来为其所用，只不过此时它们的出现成了更高层次体系中有机结构的一部分）。麦克斯韦电磁学体系的建立也是一样，它是奥斯特、安培、欧姆和法拉第等的实验与理论的有机融合和总结。当然，这种效应也会发生在科学技术与文学艺术的交融地带——本书所采用的大胆尝试即是这样，它源自于一个人的"想象力的结构"（此提法出自于《科学与艺术中的结构》一书中的"想象力的结构：心灵之眼在揭示黑暗"），而这种"想象力的结构"既属于科学创造，又属于艺术创作，当然也属于二者的融合创新。

除了上述科学与艺术交融的结构体系外，还应存有更加普遍而高级的结构原理。让我们再来阅读一下1935年11月23日在美国纽约罗里奇博物馆举行的居里夫人的悼念会上爱因斯坦的演讲《悼念玛丽·居里》的第一段：

"在像居里夫人这样一位崇高人物结束她的一生的时候，我们不要仅仅满足于回忆她的工作成果对人类已经做出的贡献。第一流人物对于时代和历史进程的意义，在其道德品质方面，也许比单纯的才智成就方面还要大；即使是后者，它们取决于品格的程度，也远超过通常所认为的那样。"

这一深刻的认识破解了历史上许多伟大科学人物的处事心理及其行为谜题。举例来说，宇宙学中的"哥白尼原理"需要具有极其公平和民主意识的人才能够发现（如哥白尼）；没有任何参照、从事行星运动的研究以至获得它们的数学定理需要坚守信仰、专心寻觅的人才能坚持（如开普勒）；生物进化的宏大理论构架需要胸怀宽广、不急功近利的人才能提出（如达尔文）；证明放射性元素的存在并坚持把它们分离出来需要具有坚强意志和纯洁品质的人才能完成（如居里夫人）；简单优美的"质能关系式"等科学方程的发现与推导需要极为简朴、经济的人来成就（如爱因斯坦）；等等。说句实在话，这些通用且更高级的品格也是做好或做成一切大事的人所应具备的。

本书人物的选取原则是，科学家既要有其蜚声世界的科学成就，还须留下一些"文化艺术产品"，而描绘他们的顺序则依据的是人类文明史的"时间轴"。上下册的分册点设置在19世纪和20世纪之交的经典科学与现代科学分界阶段（也即诺贝尔奖设立的前后）——因为20世纪开始后的100多年间，科学成果无论体量还是历史影响，在一些专家看来都可以与之前数千年的总量媲美。虽然几经修改，本书呈献给读者们最终的图文可能与原先的设想不太一样了，但这样一个像丘成桐所说的"大型结构"（大型结构不但存在于科学技术和文学艺术中，也同样存在于它们的融合体系中），需要大量事实素材的支撑——我调用了自己有收入以来40多年间所购买的几千册科学、艺术、创造学、教育学和人物传记等书籍资料，还参考了南京图书馆的藏书等。当然，对互联网信息资源恰当而有效的利用也必不可少。

然而，关于科学家的故事写作、科学肖像绘制所花费的"短时间"

与书体结构上的"大型构架"之间不可避免地要产生矛盾，出现问题也肯定在所难免。所以，看在本书思想内容充满"正能量"和形式构架洋溢着"新颖性"的分儿上，敬请大家谅解！

三、本书列举的科学家中为何近1/3来自东方国家或地区或为华裔

这个问题很重要。现代科学是基于西方古希腊思想的演绎体系与近代意大利文艺复兴时期的实证方法（这些方法似乎与东方文化的本质有些格格不入）而发生发展的。日本首位获得诺贝尔奖的汤川秀树就曾承认：日本学界的有些人说过，他们的历史文化不但不会生成现代科学思想与方法，而且还会产生阻碍现代科学发展的种种因素和倾向……但人类社会毕竟是在进步的，东方社会的杰出人物一旦意识到现代科学的重要性及其在国家和民族发展中不可替代的作用，不论在科学精神、思想方法上，还是在与人文交汇等方面，都会对人类做出不亚于任何西方国家和民族的贡献。

在100多年的诺贝尔自然科学奖（包括物理学、化学、生理学或医学等）的得主中，现代科学起步较晚的东方国家和地区，如中国、日本、印度、巴基斯坦等地出生的科学人物逐渐涌现出来，并有明显的增加趋势，他们的成就体现在理论贡献或实验成果方面，或二者兼而有之。这是为什么？其中重要的一点，就是他们能很快地掌握在科学研究中引入艺术性创作的要领——这充分证明了他们的智慧——本书中列举的14位东方的"科学的艺术家"便是他们中的佼佼者。当然，其他大部分科学人物都是我们所熟悉的世界级创新巨匠。

四、关于本书的特色

2015年夏秋之交，在参加"第八届海峡两岸科普论坛"期间，日照市科协、科技馆等为我举办了"刘夕庆科学美术作品展"，画展中一部分世界著名科学家的"科学肖像"作品受到了格外的关注——它们是导致本书诞生的"星星之火"，特别是科学家形象的艺术描绘与其主要定

量成果有机地融合，促成了关于他们的一幅幅真正意义上的"科学肖像"。与会两岸专家代表们的欢迎和肯定、赞扬和鼓励，让我觉得有必要把一些科学家的分散的理念和故事配以有趣的科学肖像写成富有特色的书。

在一年多的撰文和肖像画创作过程中，我不断努力强化本书的主题并用多样性的故事加以证明，得出的结论是："大科学家"基本上都是"大艺术家"，而且不同类型的"科学的艺术家"都具有个性十足的特点——他们在学科与艺术爱好的选择上的规律是：越是偏于抽象理论研究的，越是趋于喜欢诗歌、音乐，如开普勒、麦克斯韦、薛定谔、陈省身和杨振宁等；越是偏重于空间结构模型的，越是青睐绘画、雕塑或文学等，如哥白尼、玻尔、盖尔曼、沃森、丘成桐等；而牛顿、爱因斯坦、达尔文等这类科学巨匠在艺术上则更具广泛的爱好（参见本书下册的"尾之诗"）。在创作上，我尽力抓住他们一些鲜为人知的"艺术创新"细节，夹叙夹议，并加入个人观点，表明自己对科学与艺术交融的新认识。

应该说，呈现在大家面前的这本书实际上是一本"杂书"（各位科学家创新、创造、创作的基本事实来自于科学史、名人传记等；每篇篇首的科学肖像和相关插图大部分来自本人的素描创作和计算机绘图创意）。在某种意义上，我也可自封为"杂家"：我的美术作品入选过全国美展并在各级报刊上发表，科技发明获得过国家发明专利，音乐作品荣获过全国、省、市一等奖，科普及科学美术系列作品被全国性科普杂志刊载过，还有科学普及与传播论文在国家级、省级论坛上宣读交流并获奖等。当然在这里列举这些并不是为了标榜自己，而是为了说明发现和描述那些"玩转科学的'艺术家'"的人自己也应该是一个科学与艺术都要涉猎并具有一定造诣的人，否则描绘这些"艺术家"们时会受到极大的限制。

可能任何事物发展到至高阶段都会形成融会贯通的态势，某一历史阶段拥有最高境界的"科学的艺术家"和"艺术的科学家"都不例外。如果我们再写一部名为《玩转艺术的"科学家"》的作品，就会发现古今中外还有着如卢克莱修、屈原、郭熙、但丁、达·芬奇、米开朗基罗、拉斐尔、丢勒、莫奈、塞尚、毕加索、达利、埃舍尔、姜斯、波洛克、爱伦坡、康斯坦丁、蒙德里安、杜斯伯格、杜尚、巴拉、马格里特、黄宾虹、吴冠中等许多"艺术的科学家"存在——这些与"玩转科学的'艺术家'"对应的人物按照自然宇宙基本的对称原理存在着。

综上所述，这是一本尝试采用崭新视角进行科学普及的书，也是一本尝试采用科学与艺术交融的形式进行写作的关于科学创新的书。写作本书的目的是与读者分享科学家"艺术创造"的故事，说明科学与艺术是人类希望理解未知事物的两种见证，它们分别是客观和主观地看待世界的典范，而且二者之间也存在着有机关联。因此，重视青少年艺术素质的培养对人类未来的科学发展极其有益。我特将此篇揭示科学与艺术交融且具"规律性"的文章作为本书之"序"——而这些规律的"具体证明"（个性化的"科学肖像解析""科学贡献与艺术爱好的简介"以及"多个小标题细述"等"三段论"式描述）则要留给读者自己来慢慢品味……

目 录

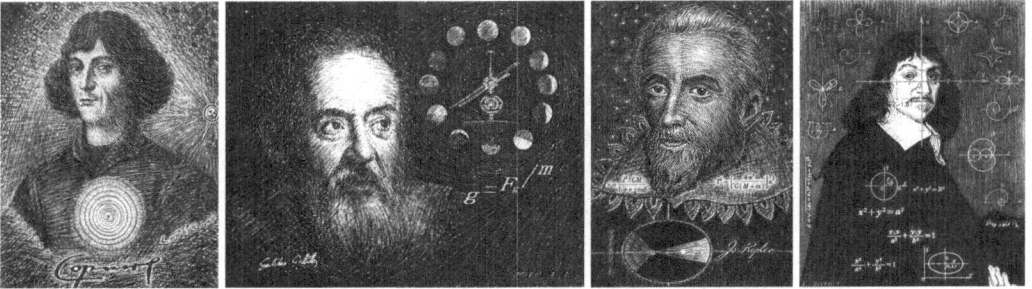

表现和谐数学的"古希腊乐师"
毕达哥拉斯

科学肖像解析

毕达哥拉斯（约公元前580—公元前500），古希腊数学家、音乐家。他应该算作是人类有记载以来第一位纯粹的数学家，因为是他第一个运用演绎的数学方法证明了千古流芳的数学定理——后人以其名命名了此定理；同时也是他第一个证明数字比例既可用来计算，又可进行音乐创作。

毕达哥拉斯讲究几何比例和音乐韵律，因而设计其肖像时，他的脑、眼、鼻、耳、口都用半圆、正方形、梯形、三角形等隐约律动的条纹展现；其中较为突显的鼻部呈现出"一个直角三角形"，而他那聪明绝顶的头颅在呈直角的星光下更显智慧。他书写的方程式正是流传千古的毕达哥拉斯定理："直角三角形两直角边的平方和等于斜边的平方。"画面依稀可见的纵横律动的纹理则有着一种几何与音乐的交融之感。

数学这门学问究竟纯属科学范畴，还是又依赖于艺术直觉？或许两者应该融通发展——看看数学派别中的"直觉主义"的纲领我们就可略知一二，其中的观念说明了数学是智慧与想象力衔接的接口，在这里现实和虚幻配合得天衣无缝。虽说数学不是艺术，但有些数学家却认为他们是纯形式方面的艺术家。

数学演算既需抽象运作又要现实表达，例如，毕达哥拉斯除了在直角三角形上所做的贡献外，他还是第一个将数学与自然现象联系起来的人。他揭示了琴弦长度和拨弦时产生的音调之间的比例关系。后来人们又相继发现，天体的运行轨道、财富的积累、事物的内在机制、计算机、政治策略，甚至美的根源等，都遵循数的规律——古希腊数学家毕达哥拉斯和后来的许多数学家就是寻求这些真理的杰出人物，而毕达哥拉斯则是首开先河的那个人。

万物皆数的"数学艺术"

毕达哥拉斯可能是一个半带传说色彩的人物。他生于爱琴海的萨摩斯岛，后来移居到希腊海港城市克罗顿（今属意大利），并在那里创建了毕达哥拉斯学派。据后来的学者们讲，这个组织严密的学派是为了更加深入地研究数学、哲学和自然科学而建立的。在这个学派中，毕达哥拉斯及其追随者认为"万物皆数"，他本人尤其强调算术、几何、天文和音乐的"数学艺术"。在意大利文艺复兴三杰之一拉斐尔的梵蒂冈壁画《雅典学院》（约1509年创作）中，毕达哥拉斯是所描绘的古希腊重要学者形象之一。

实际上直到今天，谁也不能说明第一个证明了毕达哥拉斯定理的就一定是毕达哥拉斯。虽然这个定理是以他的名字命名的，但有证据表明，该定理的历史至少可以追溯到他之前1000年的古巴比伦的汉谟拉比时代。有一种说法是，大概是因毕达哥拉斯为该定理命名，并且第一个对自己在学校中所学的证明方法做了记录，并且被后人

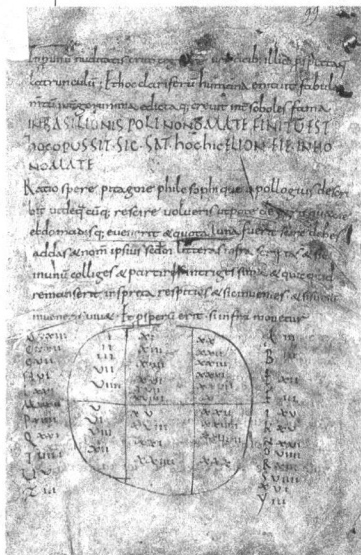

毕达哥拉斯的音乐作品（公元8至9世纪流传下来的拉丁文译稿）

在一幅名为《玛格丽塔哲学》的画中，靠右的毕达哥拉斯在使用古代算盘排列数字1241和82

关于证明毕达哥拉斯定理的一种图形方法的纪念邮票

毕达哥拉斯纪念硬币

保存了下来；还有一种说法是，将这个理论归功于毕达哥拉斯，并不是因为他首先指出了这种联系，而是因为他设计了一种证明的方法，一种从数学上证明它之所以如此的逻辑演绎方法。

在古希腊，哲学家们通常游历四方。有些人是因为经常搬家，有的则是为了增长自己的学识而四处求学，还有的是为了避难。在毕达哥拉斯生命的不同时期，这些原因都曾使他打起背包动身上路，他在知识方面也因而有了丰富的积累。当快到20岁的时候，他向泰勒斯求学，尽管这时泰勒斯已是垂垂老者，但毕达哥拉斯还是从他那儿受到了埃及几何学概念的启发，显然此时他首次接触到了有着1000年历史的关于直角三角形的古巴比伦理论。

今天学校里的学生们都知道如何表述毕达哥拉斯定理："直角三角形两直角边的平方和等于斜边的平方。"或许，对毕达哥拉斯来说，按部就班地运用一些基本原理来证明这些三角形具有共同的性质并不是令人惊讶的事情，因为他坚信数字里蕴含着一种神秘的力量。从某种意义上来说，数字是有生命的，要么是阳性，要么是阴性；要么是美丽的，要么是丑陋的。他认为10是最好的数字，因为它是前4个整数之和，即1+2+3+4=10。

是毕达哥拉斯教会了后人"万物皆数"的自然数学艺术——今天，他的追随者们已经将其发展成了"数字宇宙"。在研究过程中，毕达哥拉斯发现有些数是不能分解成除了1和该数本身之外其他两个数的乘积的，例如1，2，3，5，7，11，…这些数我们今天称为素数。其余的数我们就称为合数，它们可以由其他两个数相乘得到，例如4可以分解为2×2，6可以分解为2×3。但是毕达哥拉斯仍然为一些看起来似乎不存在的数字感到困惑。当把他的理论应用于一个两直角边均为单位长度的直角三角形上时就出现了问题。1的平方仍是1，1加1得2，但是毕达哥拉斯已经指出2是一个素数，因此不能找到一个数自乘之后等于2。他的解释是：2是一个无理数，因此不符合他所发现的规律——看来，数字世界中也存在着"个性"。

毕达哥拉斯定理的结论及其证明遍及世界的各个大洲、各种文化及各个时期。事实上，这一定理的证明路数之多，是其他任何发现都无法比拟的——这反映出即使看起来归属科学的数字世界也有像艺术表现方法一样的多样性。

比例可用于计算又可用于音乐创作

毕达哥拉斯大概是有史以来第一位纯粹的数学家，这一点毋庸置疑。因为他是已知的第一个用可靠方法来证明数学定理的人。无独有偶，中国历史上也有与他同时代的人周髀描述的勾股定理，说明毕达哥拉斯并不是唯一发现该定理的数学家。此定理之所以归功于他，并不是因为他首先指出了直角三角形3条边的关系，而是因为他提出了一种可信的演绎性的证明方法，并且有案可查。

毕达哥拉斯坚信数字里蕴含着一种神秘的、从某种意义上讲具有生命的力量，他发现，比例不仅仅存在于数学领域，它同样可以用来创作音乐。

毕达哥拉斯还是个孩子的时候就学会了弹奏，所用乐器是一种类似于中国琵琶的弹拨乐器。很可能就是在某天练习弹琴的时候，他开始意识到拨动不同长度的琴弦时会产生不同的乐感。

经过一些试验，毕达哥拉斯发现，当各弦的长度之比为整数时，拨动琴弦时会产生和谐的音调。这一条对他试过的任何乐器都适用。这似乎是一条普适的规律。如果说数学中存在美感，那么，将数学法则应用于音乐，则应该会有悦耳之声响起。由此他发现，数学中的比例同样可以用来创作音乐。

可能很少有人既通晓数学又熟知音乐，而天底下如此宽深之河居然由毕达哥拉斯首先开启？！他的追随者还发现，和谐之音是由长度与原弦长的比为整数的拉紧的弦发出的。事实上被拨动的弦所发出的每一种和谐之音，都能表示为整数比——长度成整数比增大的弦，能够产生全部的音阶。这种既可用来计算又可进行音乐创作的共用

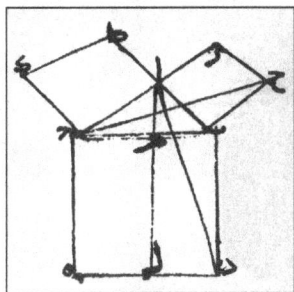

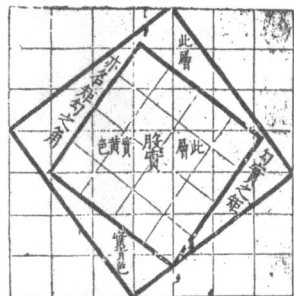

古代阿拉伯人（上）和中国人（下）用绘图方法展示的毕达哥拉斯定理及其证明——在中国叫作"勾股定理"

一幅中世纪的版画——表现了毕达哥拉斯学派数之音乐性的和谐理论，比例在数学与音乐中应该是一种无形的共用元素

比例关系说明了什么？大概只能说明科学与艺术的"根"部是紧密相连的。要想创作出千古流芳的作品，恐怕两者都要兼顾，而毕达哥拉斯做到了这一点——他建立了数学与音乐的共用比例关系。

音乐之数学理论的诞生

关于音乐的数学是这样诞生的——古希腊数学家认为数量模式无处不在，这倒是也不无道理。但唯独毕达哥拉斯发现，音乐，这种特殊的、和谐声音的子集，也深深地植根于数学之中，莫非它是数学与声音的交集，抑或是数学在艺术领域的一种特殊形式？

据说，有一天，毕达哥拉斯经过一个铁匠铺的时候，铁匠们打铁发出的不同声音启发了他。他发现，当一把铁锤的质量是另一把的一半的时候，前者发出的声音音调要比后者高八度——这是何等的美妙与和谐！这个故事告诉我们，灵感与敏感对于发现者来讲有时是相辅相成的。

这件事情实际上并不一定就发生过，但毕达哥拉斯为了说明物体尺寸和发出的音调的关系肯定做过实验，包括拨动不同长度的琴弦、击打装水量不同的容器等，以探寻音调的变化情况。通过这些实验，他确立了物体和声音之间的关系。这些研究成果同样也适用于天体——在近2000年后，另一位音乐之科学大师开普勒发现了这一点。古希腊人认为，月球、太阳、行星及恒星都安装在水晶球形的壳层上并围绕地球旋转，这些天体运转的时候也会发出音乐。

毕达哥拉斯学派认为，天体之间距离的比例和发出和音的敲击物体之间大小的比例是一样的。距离地球最近的天体音调最低，而远处的天体移动速度更快，发出的音调更高。这些音调混合在一起，形成充盈整个宇宙的天体音乐——这些都被近代的德国人开普勒发扬光大了，虽然有些并不完全是真理。

琴弦的振动波会搅动空气，产生人耳能够听见的声波。将振动波分为整数份，能够产生一系列和声。毕达哥拉斯发

正埋着头、聚精会神地在泥板上
创作的毕达哥拉斯（浮雕作品）

现，拨动两根同样材质的拉紧的琴弦，其中一根的长度是另一根的一半，短琴弦振动的频率是长琴弦的两倍，发出的音符要高八度。也就是说，这两个相差八度的音符振动频率的比例为2∶1。如果琴弦长度是原来的1/3，则比例为3∶2，音调之间的差异，或者叫音程，是五度。4∶3的比例（由1/4长度的琴弦发出）发出的音程为四度。将八度、五度和四度的音调一起发出来，就会产生一种和谐悦耳的声音，那就是和弦。

这是人类首次将声音这种自然现象通过数字比例进行解释。毕达哥拉斯相信，音乐的和谐于一体不仅在天体，也会在宇宙远处反映出来。2015年9月人类第一次"听到了"来自遥远距离两个巨大黑洞搅动的声响——引力波——这是由继毕达哥拉斯、开普勒之后又一位音乐之科学大师爱因斯坦所预言的。这一切表明，数字及其之间的关系可以用来创作音乐，但需要创作者既懂数学，又懂音乐。

今天，我们生活的世界与毕达哥拉斯所处的时代有很大的不同，但讲究数学与音乐的形象表达却是完全相同的。据说，现代的计算机能制作DNA音乐，将不同的DNA分子键同音阶的7个音联系起来，就可使DNA数据乐谱化。这就是古希腊毕达哥拉斯学派"哪里有数，哪里就有美"这一古老论断的现代音乐实践，使枯燥的DNA数据被注入情感因素并获得了富有音乐节奏的美感。

尼加拉瓜发行的《改变世界面貌的十个数学公式》纪念邮票之一——"毕达哥拉斯定理"

原先人类的分工是，科学探索大自然，艺术则探究人的心灵，而如今艺术越来越科学化，而科学却越来越艺术化。正如古希腊时期的阿里安德妮向相反方向射出的两支箭最终必将相交，数学和音乐的融合也必然是21世纪发展的一个重要趋势。

善于数形演绎的"几何艺术大家"
欧几里得

科学肖像解析

欧几里得（公元前330—公元前275），伟大的古希腊几何学家（数学家），被称为"几何之父"。他的数学巨著《几何原本》是西方数学乃至世界科学演绎体系的基础，被公认为是人类历史上最成功的教科书。

欧几里得的头脑就像一部能产生数学秩序的"机器"，即杂乱无章的点、线、面、体以及曲线、三角、各类图形等几何元素，经过他的头脑艺术化地成为井然有序、自成一体的巨大几何演绎体系——《几何原本》，而这些成果是建立在他日复一日的逻辑思考和辛劳创作的基础之上的。

古希腊人重视数学在美学上的意义，认为数学是一种美，是和谐、简洁、明确以及理性、有秩序的艺术；从数学中还可以看到关于宇宙结构和世界设计的最终真理，古希腊人认为宇宙结构是按数学规律设计建造的。

那时，古希腊的地理范围除了现在的希腊半岛以外，还包括整个爱琴海和北面的马其顿以及色雷斯、意大利半岛和小亚细亚等地域。公元前6至公元前5世纪，特别是希波战争以后，雅典取得希腊城邦的领导地位，经济高度繁荣，生产力显著提高，在这个基础上滋生了光辉灿烂的古希腊文化——它又滋生了后来被爱因斯坦称为现代科学诞生的先决条件之一的演绎体系。欧几里得简洁优美、井然有序的数学艺术杰作《几何原本》正是这一体系的杰出代表，它就是在这片富饶的文化土壤中成长起来的。

受到浓郁的地域文化气息感染

到了公元前300年左右，随着托勒密一世权力的不断扩张，数学研究的氛围也扩展到了当时作为希腊帝国一部分的埃及。在亚历山大城，托勒密一世创办了一所大学，在随后的800多年间这里变成了希腊的人才中心。帝王们还修建了一座著名的图书馆，收藏有50多万份手稿。

在柏拉图学派晚期导师普罗克洛斯的《几何学发展概要》中，就记载着这样一则故事，说的是几何学在欧几里得的推动下，逐渐成为人们生活中的一个时髦话题，以至于当时国王也想赶一赶这样的时髦，学点几何学。

虽然这位国王见多识广，但欧氏几何却令他学得很吃力。当时亚历山大最著名的数学家就是欧几里得，他是欧氏几何学的开创者。于是，国王问欧几里得学习几何学有没有什么捷径可走，欧几里得笑道："抱歉，陛下，学习几何学和学习一切科学一样，是没有什么捷径可走的。学习几何学，人人都得独立思考，就像种庄稼一样，不耕耘是不会有收获的。在这一方面，国王和普通老百姓是一样的。"从此，"在几何学里，没有专为国王铺设的大道"这句话成为千古传诵的学习箴言。

较年轻时的欧几里得侧面画像——具有希腊人的面容特征

欧几里得出生于雅典，当时的雅典是古希腊文明的中心。浓郁的地域文化氛围深深地感染了欧几里得，当他还是个十几岁的少年时，就迫不及待地想进入柏拉图学园学习。

一天，一群年轻人来到位于雅典城郊外林荫中的柏拉图学园。只见学园的大门紧闭着，门口挂着一块木牌，上面写着："不懂几何者，不得入内！"这是当年柏拉图亲自立下的规矩，为的就是让学生们知道他对数学的重视，然而这却把前来求教的年轻人给弄糊涂了。有人就想，正是因为我不懂几何，才要来这儿求教啊，如果懂了，还来这儿做什么？正在人们面面相觑、不知如何是好的时候，欧几里得从人群中走了出来，只见他整了整衣冠，看了看那块牌子，然后果断地推开了学园大门，头也不回地走了进去……也就是这个义无反顾的年轻人，后来写出了《几何原本》，让几何学系统地呈现在世人面前，他也成为了"真正懂几何的人"。

古希腊人可能并不是几何学的唯一发明者，因为几乎就在同一时代，中国的学者们也在独自用他们的方法研究着几何学。但是确定无疑的是，大量的基本假设和证明都是由古希腊人完成的，然后由欧几里得集之大成——他所采用的方法犹如一位艺术家创作一部巨大结构的诗文作品，而且对其中的数形关系说起来可以头头是道。

现存最早的《几何原本》残片

"几何"这个词来源于希腊语，由"土地"和"测量"两个词构成。顾名思义，古希腊人感兴趣的是测量大自然的基本形式。几何学的实践应用涉及测量技术，即用数学方法确定长度、面积和体积，但古希腊人很快意识到，这些图形的产生由一些基本的形式和规则来决定。

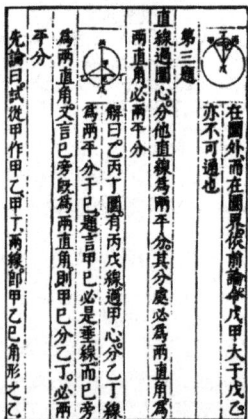
《几何原本》中文译稿影印件

欧几里得对这些几何原理进行了汇总和扩展，将其变成一部13卷的论文集，最终取名为《几何原本》——它是人类历史上翻译、抄写及出版次数最多的一本非宗教类典籍。在这本书里，欧几里得归纳总结了一系列的定义、公理、定理和数学证明方法，这些成了最早的几何学原理，所有的几何元素由此得以衍生。由于欧几里得对几何学的贡献巨大,他成了当之无愧的"几何之父"。他的出现犹如一棵茁壮成长的演绎之树,没有当时古希腊肥沃的数学文化土壤是不可能孕育成形的。

一致性的演绎就是一种艺术

欧几里得撰写过光学和圆锥曲线方面的著作,他还研究过一些关于透视及数论的问题,但他最广为人知的成果还是《几何原本》。这本书历来都是最有影响和流传最广的数学著作,它是当时已知几何知识的有机汇编,内容涉及平面几何和立体几何、数论以及比例。该著作是演绎推理的典范,它从最初的几条公理或公设出发,采用演绎法,按照逻辑和系统的顺序推导出新的命题。换句话说,这种一致性的演绎法根本就是一种"艺术",令人信服且美妙无比。

在事业步入高峰的时候,欧几里得就暗下决心,要在有生之年完成《几何原本》的编写工作,成为几何世界第一人。于是,欧几里得不辞辛苦,长途跋涉,从爱琴海边的雅典古城来到尼罗河流域的埃及新埠——亚历山大城,为的就是在这座新兴的、文化底蕴深厚的异域城市实现自己的理想。在无数个日日夜夜里,他一边收集以往的数学专著和手稿,向有关学者请教,一边试着著书立说,阐明自己对几何学的理解,哪怕是暂时肤浅的理解也生怕遗忘而记录下来。

经过忘我的奋斗,欧几里得的劳动终于在公元前300年结出了丰硕之果,这就是几经易稿而最终定形的《几何原本》。这部具有完整一致性的传世之作,不仅第一次实现了几何学的系统化、条理化,而且又孕育出一个全新的研究领域——欧几里得几何学(简称"欧氏几何")。直到今天,欧几里得所创造的几何证明方法仍然是世界各国学校里的必

14世纪德国人创作的欧几里得工作浮雕像

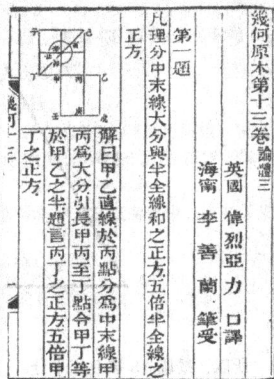

中国明朝《几何原本》的刻本书影

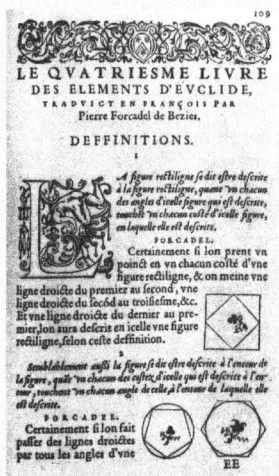

欧洲文艺复兴时期《几何原本》书影

修课——从小学到中学、大学，再到现代更高等科研机构的各领域都有他所创造的定律、理论和公式在应用。

《几何原本》是西方数学的基础，也是现代科学产生的最重要条件之一，并已为全世界学界所接受。正是因为它具有严明的逻辑推理以及演绎体系，我认为它同时也是一部体现人类"理性思维艺术"的数形交融的伟大典籍。在笛卡儿解析几何发明和19世纪非欧几何问世之前，它一直被当作数与形结合的经典思维和运用法则。

形象思维与逻辑思维的有机叠加

《几何原本》是一部集前人思想和欧几里得个人创造于一体的不朽之作。这部书基本囊括了从公元前7世纪的古希腊一直到公元前4世纪——欧几里得生活的时期前后总共400多年数学发展的几何素材。对于数学，特别是几何学以及科学的未来发展，对于西方人的整个思维方法，它都有着极大的影响，是古希腊数学发展的顶峰之作。通过严密的逻辑和系统的运算，欧几里得使几何学成为一门独立而又具演绎艺术的科学。可以说它是形象思维与逻辑思维的一种有机叠加——虽然后来笛卡儿认为它有些太依赖于图形说理了。

下面两则有趣的故事是关于几何学的"有用"和"没用"的。

随着欧几里得的名声越来越响，来拜他为师、学习几何的人也越来越多，以至于在当时成为一种时髦。有的人来凑热闹，看到别人学也跟着来。斯托贝乌斯记述了一则故事。一位学生曾这样问欧几里得："老师，学习几何会使我得到什么好处？"欧几里得思索了一下，请仆人拿点钱给这位学生，并说道：给他3个钱币，因为他想在学习中获取实利。"

意大利文艺复兴三杰之一拉斐尔所画的《雅典学院》——欧几里得在展示几何之美并给众人示范

南京以人文气息闻名的"先锋书店"广州路分店的二楼门口处曾有过一则广告，广告语大概的意思是："艺术无用，请回家！"说的就是这个道理。它与上面的故事相映成趣。可见，你要问几何与艺术这些本质和精神上都相通的东西有什么"立等可取"的用处，你就大错特错了——这些高雅的思想和技艺只可能从根本或长远上才能看到它们的闪亮之处。

在欧几里得所处的时代，人们建造了高大的金字塔，可谁也不知道金字塔究竟有多高。有人说："要想测量金字塔的高度，比登天还难！"这话传到欧几里得耳朵里，他笑着告诉别人："这有什么难的呢？当你的影子跟你的身体一样长的时候，你去量一下金字塔的影子有多长，那长度便等于金字塔的高度！"这种金字塔、身体、影子等形象与长度、高度、距离等抽象数据同时类比地出现在脑海里并进行处理的能力，就是高超艺术创造能力的一种表现。

关于欧几里得创作情景的纪念邮票

公理化结构是近代数学的主要特征，而《几何原本》则是公理化结构的最早典范。欧几里得创造性地将零散的、不连贯的数形知识系统整理出来，加上自己的大量创造，构建出彼此具有内在联系的数学宏伟大厦。它的基本精神是由简单的现象去证明较复杂的现象，而其他科学领域也同样遵循这一原则。这一理论框架中，逻辑推理虽然至关重要，但更重要的是，我们必须接受一些简单的现象作为我们的"起点"，而欧几里得将这些"起点"命名为"公设"或"公理"。虽然以公理为起点演绎几何的方法并非欧几里得首创，但是《几何原本》中的公设或公理却全都经他所创新和筛选——这一天才的智力和艺术性的处理在今天看来也令人叹为观止！

在科学史上，没有哪一本书像欧几里得的《几何原本》那样，将卓越的学术思想与广泛的数形推理普及性地完美结合在一起。它集希腊古典数学之大成，构造了世界数学史上第一个宏伟的演绎系统，对后世数学的发展起了不可估量的推动作用。自成书以来，它可谓是最有影响力的教材了，即使20多个世纪后仍然在不断印刷。

牛津大学自然历史博物馆里的欧几里得石像

这本书能幸存至今要归功于一个叫提奥的人，他于公元4世纪编辑了该书的修订本，并为后世提供了源源不断的灵感。哥白尼、伽利略和牛顿等改变科学世界的大家都曾通过读《几何原本》得到启发，而《天体运行论》《自然哲学的数学原理》等科学巨著都或多或少有着《几何原本》的风格。

如果将《几何原本》视为一幅流芳百世的绘画杰作，那绘制它的那位卓越画家就是欧几里得。因此，《几何原本》和"欧几里得"的名字不可分割，同样伟大。

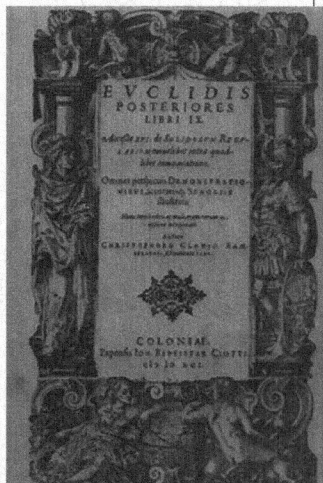

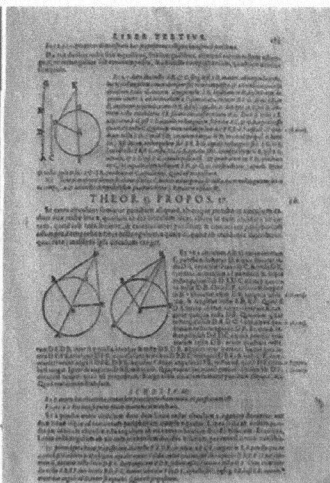

人类演绎思想体系的原始丰碑——印刷版的《几何原本》

巧妙发明地动仪的"罕见全才"
张衡

科学肖像解析

张衡（公元78—139），汉族，今河南南阳市石桥镇人；中国东汉时期伟大的天文学家、数学家、发明家、地理学家、文学家、画家；南阳五圣之一，与司马相如、扬雄、班固并称汉赋四大家，尤其以发明和改进科学与艺术相融合的地动仪、浑天仪等传世之作闻名天下。

张衡的形象是中国古代科学家的典型代表。肖像画中将历史上流传下来的张衡侧面造像的头颈上扬，将他发明的传世杰作——地动仪的素描和工作原理的示意图化为上半身，并用其改进的浑天仪作为头顶发结，更加彰显了这位科学与艺术交融的罕见之才的伟大气质；"张衡"二字的书法用了郭沫若的手迹。

中国东汉在汉章帝时期的政治比较稳定，但他驾崩后，继承皇位的汉和帝才10岁；太后临朝执政，让她的哥哥窦宪掌握了朝政大权，东汉王朝便开始走下坡路了。在这个时期，出了一位著名的科学家，他就是后来享誉世界的张衡。张衡是中原南阳人，17岁那年，他离开家乡，先后到长安和洛阳求学。

在天文、数学、地理、气象、史学、历法、机械、发明制造等方面，张衡都取得了卓越的成就。他开创了中国天文、地理研究之先河，在文学、诗赋、绘画等文化艺术方面也都成就斐然。前中国科学院院长、著名考古学家、文学家、书法家郭沫若先生对他推崇备至，曾评价"如此全面发展之人物，在世界史上亦所罕见""万祀千令，令人敬仰"。我们也可将他比作为中国古代达·芬奇式的全才型人物。

天文巧汇浑天仪

中国汉朝时，天文学已经形成多种经验体系，有盖天、浑天和宣夜3家，而以"浑天说"比较进步。这个学说认为天地都是圆的，天在外，像鸡蛋的蛋清；地在内，像蛋黄——这种说法虽然不完全正确，但比较接近实际。浑天派最杰出的代表人物张衡指出，日有光，月没有光，月光是反射太阳光形成的，所以向日则光盈，背日则光尽。他还推测月食是地球遮蔽的结果，并绘制了一部星图，叫《灵宪图》。他还改进和创制了许多重要的天文仪器，浑天仪就是他的代表作之一。

浑天仪是铜铸的，内外有几层圆圈，都可转动。各层圆圈分别刻有赤道、黄道、南北极，二十四节气、二十八列宿，以及日月星辰的位置，凡张衡所知道的天文现象都精巧地刻在上面。为了使浑天仪能自己转动，张衡又设计了一个"滴漏"，作为浑天仪的动力——这不禁让我们想起了

坐落在南京紫金山天文台的浑天仪（明朝年间制）——气势恢宏、工艺精湛，为科学与艺术结合之精品

牛顿设计制作的反射式望远镜底座转动时的情景。浑天仪被滴漏带动，它转动的节奏恰好与天空中日月星辰的升落完全吻合。

浑仪和浑象的总称为浑天仪。其中浑仪是测量天体球面坐标的一种仪器，而浑象是古代用来演示天象的仪表。浑仪和浑象都是反映"浑天说"的仪器，即"物化"的"浑天说"。这种将进步的学说思想与精巧的仪器发明结合为一体的创造，是一种艺术家的创作行为。浑天仪发明后由张衡进行了改进，现存最早的浑天仪陈列在南京紫金山天文台。

张衡在天文学方面著有《灵宪》《浑仪图注》等。

地震有感地动仪

地动仪是张衡发明的最著名的传世杰作，集科学、技术、制造、工艺和外观设计艺术为一体。张衡所处的东汉时代，地震比较频繁。他对地震有不少亲身体验。为了掌握全国地震动态，经过长年研究，他终于在阳嘉元年（公元132年）发明了候风地动仪，这也是世界上的第一台地动仪——其用途在于掌握地震动态和大致方位。与浑天仪一样，它也具有明显的实用性和艺术性融合的特性。

据《后汉书·五行志》记载，自和帝永元四年（公元92年）到安帝延光四年（公元125年）的30多年间，共发生了26次大的地震。地震区有时大到波及几十个郡，引起地裂山崩、房屋倒塌、江河泛滥，造成巨大的人员和财产损失。虽然地动仪不能预知地震，但它可以记录和统计关于地震的信息。

地动仪模型——且不论功能，单单其设计理念和工艺造型就能反映出张衡在博才多艺基础上的创造性

当时的封建帝王和一般人都把地震看作不吉利的征兆，有的还趁机宣传迷信、欺骗人民。但是，张衡却不信神、不信邪，他对记录下来的地震现象进行细心的考察和试验。为

了掌握全国地震动态，他经过长年研究，为地动仪设计了8个方位，每个方位上均有口含铜珠的龙头，在每个龙头的下方都有一只蟾蜍与其对应，外面用篆体文字和山、龟、鸟、兽的图案装饰。任何一方如有地震发生，该方向龙口所含的铜珠即落入蟾蜍口中，由此便可测出发生地震的方向。

据说公元138年（张衡去世的前一年）2月的一天，他的地动仪正对西方的龙嘴突然张开来，吐出了铜珠。按照张衡的设计，这就是报告西部发生了地震。可是，那一天洛阳一点地震的迹象也没有，也没有听说附近有哪儿发生了地震。因此，大伙儿议论纷纷，都说张衡的地动仪是骗人的玩意儿，甚至有人说他有意造谣生事。过了几天，有人骑着快马来向朝廷报告，离洛阳1000多里的金城、陇西一带发生了大地震，连山都崩塌下来了。至此大伙儿这才信服，这也引起了全国的重视。

据学者们考证，张衡在当时已经利用了力学上的惯性原理，其中的"都柱"实际上起到的正是惯性摆的作用，同时张衡对地震波的传播和方向性也一定有所了解。这些成就在当时来说是十分了不起的，而欧洲直到1880年，才制成与此类似的仪器。有些史实与功能实现还有待于考证，但无论如何，张衡的科学业绩受到了世界性的认可。

2008年8月5日，受国家"张衡地动仪科学复原"课题组委托，山西夏县宇达青铜文化产业园宇达集团成功铸造完成了张衡地动仪，其造型设计由清华大学美术学院雕塑系等完成，新模型用优质青铜精心铸造，并在中国科技馆展出。由此可见，现代由一个科技与美术结合的课题组完成的工作在当时凭借张衡一个人的智慧即完成，不能不说他是一个科学与艺术交融的罕见之才。

抽象具象兼有之

在数学方面，张衡曾写过一部《算罔论》。此书到唐代已经失传。从《九章算术·少广》章第二十四题的刘徽注文中我们得知有所谓的"张衡算"，由此文可知，张衡给立方体定名为"质"，给球体定名为"浑"。他研究过球的外切立方体的体积和内接立方体的体积，研究过球的体积，其中还确定圆周率的值为10的开方，这个值比较粗略，但却是中国第一个用理论求得的π的值。

在文学方面，张衡的代表作有《二京赋》（即《东京赋》和《西京赋》），作品文学水平很高。他还著有《归田赋》《同声歌》《思玄赋》等。当时洛阳和长安都是很繁华的城市，城里的王公贵族过的是骄奢淫逸的生活。张衡对这些社会现象看不惯，于是写下了两篇文学作品《西京赋》和《东京赋》（西京就是长安，东京就是洛阳），辛辣地讽刺了这类现象。据说他为了写这两篇作品，经过了深思熟虑，并反复修改，前后一共花了10年时间，可见他对文学创作的态度是很严肃认真的。他将对自然世界的洞察力用到了对社会生活的观察之中，才诞生了如此深刻的文学作品。

刻画青年张衡科学探索活动的铜质浮雕

张衡是汉赋四大家之一。他在作赋的生涯中，较全面地继承了前代赋家的赋心与表现手法，成就虽有高下之分，但都确实不同程度地显现出了艺术上的创意。重要的是张衡能融会贯通，极富创造性地以《归田赋》，实现了汉赋主体从铺采摛文、闳衍巨侈、重体物而淹情志向清新爽丽、短小精练、情境相生的转变，开启了抒情小赋的创作时代，为述志赋注入巨大活力。张衡的大多数作品都表现出对现实的否定与批评，他探讨人生的玄妙哲理，也探寻合于自己理想与性格的生活空间，由此可见他的批判现实主义精神。

在绘画艺术方面，张衡居东汉六大名画家之首。他认为画家喜欢一些非现实的东西，因而可借此虚构和想象，不过人们知道他的作品大都科、艺俱佳。在汉顺帝阳嘉年间的一篇上疏中，他说道："譬犹画工，恶图犬马而好作鬼魅，诚以事实难形，而虚伪不穷也。"张衡的绘画今已无存，唐代张彦远的《历代名画记》称他"高才过人，性巧，明天象，善画。"他根据地理学的研究和考察心得，画过一幅地形图，《历代名画记》卷三云："衡尝作地形图，至唐犹存。"

老年塑像——科学精神和艺术气质融合的创作

由于张衡的贡献突出，国际天文学联合会将月球背面的月面东经112度、北纬19度的环形山命名为"张衡环形山"，将小行星1802号命名为"张衡星"，以纪念他在天文学上的贡献。由此可见，张衡是一个中国历史上少有的抽象和形象兼得的伟大人物。事实证明，抽象和形象两种思维同时运用会实现不可估量的井喷式的灵感爆发，因而成就也就越大越多。张衡一生共著有科学、哲学、文学著作32篇，其中《张河间集》被收入清朝严可均的《全上古三代秦汉三国六朝文》。

"张衡环形山"（左）及其在月球背面的位置（右）—— 他的名字与祖冲之、巴斯德、门捷列夫等人的名字一起"刻"在了上面

博学多才创祖率的"技艺大家"
祖冲之

科学肖像解析

祖冲之，公元429年出生于建康（今南京），辞世于公元500年。他是中国南北朝时期杰出的数学家、天文学家。祖冲之一生钻研自然科学，其主要贡献在数学、天文历法和机械制造三方面。在刘徽开创的探索圆周率的精确方法的基础上，祖冲之首次将圆周率精算到小数点后7位。

祖冲之也是一位闻名于世的中国古代伟大的科学家，因此在肖像画中用具有中国传统特点的绘画手法勾勒出他奉献于科学的坚定形象，背景上加以人文气息的烘托也是表现他博学多才的一种手段。最重要的是，在"割圆术"方法图形中呈现的"密率"（祖率）值跃然纸上；同时让他所改进的指南车指向他自己，使画面别有一番意趣。

中国近代著名数学家华罗庚在《从祖冲之的圆周率谈起》中说道："祖冲之不仅是一位数学家，同时还通晓天文历法、机械制造、音乐，并且还是一位文学家。祖冲之制订的《大明历》，改革了历法，他将圆周率算到了小数点后7位，是当时世界最精确的圆周率数值，而他创造的'密率'闻名于世。"

在祖冲之之前，已经有人提出22/7跟圆周率相近似。祖冲之把它叫作"疏率"，并提出另一个圆周率的近似值355/113，称为"密率"，因为它较之"疏率"更加精确。过了1000年左右，德国人奥托和荷兰人安托尼兹才先后提出了这个近似值，因为欧洲人当时不知道在古老的中国已经有人算出这种"密率"，所以在他们写的数学史上，将其叫作"安托尼兹率"。而更熟悉中国的日本数学家主张把"密率"称为"祖率"，认为祖冲之的成果在先，这是十分公允的。同时，祖冲之还成功改进了指南车的性能等，他是一位真正博学多才的"技艺大家"。

天文成就来于"测"

祖冲之从小就受到很好的家庭教育。他的祖父是朝廷管理土木工程的官吏，经常给他讲夜空中的"斗转星移"；父亲祖朔之做"奉朝请"，学识渊博，领他读经书典籍。家庭的熏陶，使他对自然科学和文学、哲学，特别是天文学产生了浓厚的兴趣，加之自己的勤奋，他在青年时期就有了博学多才的名声；而多才多艺则是他产生联想、实行创造的基石。

更小的时候，在祖冲之看来，布满夜空的星星是很杂乱的，然而农村孩子们却能叫出星星的名称，如牛郎、织女以及北斗星等，此时，祖冲之觉得自己知道的实在太少了。此后，他就要求祖父经常讲一些前辈科学家的故事，其中张衡发明地动仪的历史记载深深打动了他幼小的心灵。他常随祖父去建筑工地，晚上，在那里同农村小孩们一起乘凉、玩耍、数星星。现在人们知道，数星星这类看似不起眼的充满童真的行为，就像"星星点灯"的想象一样，逐步照亮了许多后来成就大事业的人物，同时也反映了他们的志趣走向。

仰望星空似乎是古今中外很多伟人的经典姿态，而祖冲之仰望星空则是在对水、金、火、木、土五大行星在夜空的运行轨道和行进一周所需的时间进行观测，他给出了更精确的五星会合周期。

中国古代天文学家算出木星（古代称为岁星）每12年运转一周。西汉刘歆作《三统历》时，发现木星运转一周不足12年。祖冲之进行了重新测量，得出木星每84年超辰一次的结论，即定木星公转周期为11.858年（今测为11.862年）。测量误差如此之小，在1600多年前的古代中国实属不易，这也体现了祖冲之天文成就行于"测"的精妙之处。

动手能力行于"造"

古今中外的许多大家都是既识"理"又懂"造"的人，像古希腊伟大的阿基米德，中国东汉时期的张衡，意大利文艺复兴之后的伽利略，英国工业革命前的牛顿和德国的莱布尼茨，美国建国早期的科学家、政治家富兰克林以及20世纪上半叶意大利的科学家费米等，他们是同时具有艺术气质的工艺大师，"理""工"兼备，相互促进。当然，祖冲之也可列在其中。

中国古代指南车的名称由来已久，但其运行机制和工艺构造的记载则未见流传。三国时期的马钧曾造指南车，至晋再次亡失。东晋末年，刘裕攻打长安，得到后秦统治者的许多器物，其中也有指南车，但"机数不精，虽曰指南，多不审正，回曲步骤，犹须人功正之"。南朝宋昇明年间萧道成辅政，"使冲之追修古法。冲之改造铜机，圆转不穷而司方如一，马钧以来未有也"。祖冲之所改进制作的指南车内部机件全是金属铜的，它构造精巧，运转灵活，无论怎样转弯，"木人"的手始终指向南方，且集作战、运输与工艺鉴赏等功能于一身。这也证明了祖冲之的才艺高超。

此外，祖冲之还设计制造过水碓磨、千里船、漏壶（古代计时器）等。他制造的千里船，史载"于新亭江试之，日

中国人民邮政于1955年发行的《中国古代科学家》（第一组）邮票第二枚"祖冲之像"

《博学多才祖冲之》一书的封面
印证了本篇的主题

行百余里"，可能是利用轮子激水前进的原理制成的。而他曾经制造过的"欹器"用来盛水，"中则正，满则覆"，古人常将其放置在身边以自警、自律。

历法改革妙于"推"

一些历史上著名的天文学家都对当时的历法进行过改进，那是基于他们对天文现象长久而精密观测后的推演，同时反映了他们的博大胸怀。本书后面将介绍的哥白尼等人就是典型的范例。而这样的科学家的大脑往往都是文学艺术和科学技术互促共融的，祖冲之理应算作这样的科学艺术大家。

古代中国历法家一向把19年定为计算闰年的单位，称为"一章"，在每一章里有7个闰年。也就是说，在19个年头中，要有7个年头是13个月，这种闰法一直采用了1000多年。412年，北凉的赵𬙨创作了《元始历》，这才打破了岁章的限制，规定在600年中间插入221个闰月。

祖冲之吸取了赵𬙨的理论，加上自己的观察，认为19年7闰的闰数过多，每200年就要差一天，而赵𬙨600年221闰月的提法也不十分准确。因此，祖冲之提出了391年144闰月的新闰法。他的闰周精密程度极高，按照他的推算，一个回归年的时间长度为365.24281481日，与今天的推算值仅相差46秒。

经过实际观测，祖冲之发现何承天所编的当时正在执行的《元嘉历》有许多错误，他应用"岁差"的概念，首次提出"交点月"的计算，并着手编撰《大明历》。在《大明历》中，祖冲之区分了回归年和恒星年，最早将岁差引进历法，提出了用圭表测量正午太阳影长以定冬至时刻的方法，并采用了391年加144个闰月的新闰周，推算出一个回归年为365.24281481日。

祖冲之的天文历法心血之作《大明历》在510年（梁武帝天监九年）以《甲子元历》之名颁布实行。

博学多才精于"算"

　　祖冲之的成就不仅限于自然科学方面，他还擅长下棋，精通乐理，对于音律很有研究。这使我们想到了古希腊的毕达哥拉斯和近代德国的开普勒。但他同时还著有《易义》《老子义》《庄子义》《释论语》等关于哲学的书籍。文学作品方面他著有小说《述异记》，在《太平御览》等书中可以看到这部著作的片段。然而他最大的贡献还是在博学多才基础上的精于"算"——这也就说明了"金字塔"只有基础博大、"塔尖"才能高精准地直冲云霄的道理。

　　计算圆周率是一件不易且需要智慧的事。我们知道，在一个圆里画内接正多边形，计算这个正多边形的总边长，就可以得到圆周长的近似值。正多边形的边数越多，总的边长就跟圆周越接近。祖冲之必须从圆的内接正六边形开始，先算内接正十二边形的边长，再算内接正二十四边形的边长，再算内接正四十八边形的边长……边数一倍又一倍地增加，一共要翻11番，直到算出了内接正一万二千二百八十八边形的边长，才能得到这样精密的圆周率。

　　内接正多边形的边数翻11番，看起来似乎简单，其实不然。边数每翻一番，至少要进行7次运算，其中除了加和减，还有两次是乘方、两次是开方。祖冲之算出来的结果有6位小数，估计他在运算的过程中，小数至少要保留12位。加和减还好办，12位小数的乘方，尤其是开方，运算起来极其麻烦。祖冲之要是没有熟练的技巧和毅力，是无法完成这上百次的繁难复杂的运算的。

　　祖冲之等的数学研究成就汇集于他的数学专著《缀术》中。这本书极其高深，还曾流传至朝鲜和日本，在朝鲜、日本古代教育制度、书目等的资料中，都曾提到《缀术》。难怪日本数学家对祖冲之赞美有加，建议将圆周"密率"称为"祖率"。

祖冲之纪念银币上刻有正八边形"割圆术"求圆周率的图形

祖冲之老年所生活的时代正值南齐后期，统治阶级内部矛盾尖锐，政治黑暗，社会动荡不安。在这种情况下，祖冲之的研究方向有了很大的变化。他着重研究文学和社会科学，同时也比较关心政治，因此在他笔下诞生了许多文学和哲学等方面的著述。可见，对于在科学与艺术两方面都取得了杰出成果的通才来说，关键是他们将自己的精力用于哪一方面，如果想在某一领域获得成功的话，其他方面的知识和才能会自然而然地前来帮忙。

为纪念中国古代伟大的科学家祖冲之，1967年，国际天文学联合会把月球上的一座环形山命名为"祖冲之环形山"；1964年11月9日，为了纪念他对中国和世界科学文化做出的伟大贡献，紫金山天文台将1964年发现的、国际永久编号为1888的小行星命名为"祖冲之星"；1986年，上海造币厂制造了祖冲之纪念银币，正面为国徽，背面为祖冲之像，规格为直径36毫米，质量22克。

"祖冲之环形山"（左）及其在月球背面的位置（右）——从标明的科学家的名字来看，上面有本书介绍的张衡、巴斯德、门捷列夫等，他们都是博学多才的伟人

创绘"日心说"新图景的"伟大画师"
哥白尼

科学肖像解析

尼古拉·哥白尼（1473—1543），"现代天文学之父"和近代科学革命的发起者。他用一种有关行星运动的日心体系来取代托勒密提出的地心体系。虽然在此之前已有几位学者，如古希腊的阿里斯塔克斯和尼古拉斯曾提出过这种观点，但哥白尼是第一个建立了这种基本理论并完全用数学方法证明其正确性的人。

哥白尼那特有的长发、薄嘴唇和坚毅的目光是其肖像的特点，而且他总是手拿"日心说"模型或圆规等。此幅科学肖像将他的"地动日心说"图案（《天体运行论》插图）放置在他的心口，意味着他醉心于自己的学说。他那个时代日月星辰的画法作为背景呈现在他的背后，太阳挣扎着向上"爬行"，欲借助哥白尼思想的威力确定它的正确地位……哥白尼的亲笔签名似铮铮铁骨烘托和护卫着上方他所创立的"日心说"。

哥白尼的巨著《天体运行论》于1543年出版，当一本印好的书送到他的病榻前时，他已处于弥留之际。在这本书中，他用自己所擅长的绘图技巧，将取代了托勒密世界的新天文体系绘制了出来。书中指出，当时已知的行星可分为两组：一组是水星和金星，它们位于地球内侧运行；另一组是火星、木星和土星，它们位于地球外侧运行。据此，哥白尼就可将这些行星按离太阳的距离依次递增的顺序排列，从而解释了托勒密体系无法解释的一些天象，例如为什么其他行星整个晚上都可以看到，而水星和金星只有在黎明和傍晚才能看到，等等。

哥白尼能成为新天文学革命的首创者，与他具有艺术家般的直觉和转换视角看问题的能力是分不开的。他曾形象地将托勒密体系比作一位画家，这位画家分别临摹了人体的各个部位，但是将这些部位拼凑后的结果却是一个怪物而不是一个人，没有一种和谐之美，因为这些部位似乎彼此各不相干。

在弗龙堡大教堂久久仰望星空

1473年2月19日，哥白尼诞生于波兰托伦城。这座城市位于美丽的维斯杜拉河畔，北临波罗的海。它是波兰的一个繁华的贸易中心和进出口的重要港口城市。与许多大科学家一样，哥白尼的父亲也是个商人，极有经营头脑，很快致富。母亲巴尔巴娜是托伦市一个富商的女儿。他们全家于1458年搬到托伦城，不久，其父被选为托伦城议会的议员。

哥白尼有两个姐姐和一个哥哥，大姐做了修女，二姐嫁给了克拉科夫的一个商人。他是兄弟姐妹中最小的一个——天资聪明，特别受父母喜爱。父亲为了排解工作的疲劳，常常带全家到乡下的葡萄园度假。为使假期过得更有趣味和意义，他有时还邀请一些文化名人一起去。他们在一起欣赏音乐，谈论文学与科学。在这种气氛的熏陶下，哥白尼从小就喜欢上了科学和艺术，他立志要做一个有学问的人。

童年时期的哥白尼和哥哥两人一起上学、一起玩耍。放假的时候，他们结伴旅行，欣赏大自然的美景，考察古迹，增长了知识，开阔了眼界，度过了一个个愉快的假期。哥俩儿也常常到维斯杜拉河边去玩。成群结队的进出口帆船在河中来来往往，一派兴隆景象，常常令小哥白尼流连忘返。这些景象在他幼小的心田里留下了美好的记忆。

哥白尼10岁的时候，父亲不幸去世，不久母亲也撒手人寰，从此他的生活发生了很大的变化。他和哥哥一起被送到舅舅家里抚养。舅舅瓦兹洛德是一个人文主义者，他和进步的知识界人士来往极为密切。当时在波兰避难的意大利革命家、人文主义者和诗人卡里马赫就是他的挚友。

哥白尼受到舅舅的极大影响，事业成功后在托伦城的弗龙堡定居，买下城堡西北角的一座箭楼作为他的住所兼天文观测台。箭楼有3层，三角形的楼顶向前倾斜，几乎伸到城墙的外边。楼顶的最上层有3个窗口，那里是哥白尼的工作室，有门通往城垣的平台。从最上层的窗口可以向四面八方测天象，平台适宜作露天的观测。哥白尼住在这里直到去世。

年轻时期的哥白尼就留着波浪长发——目光炯炯，阳光向上，目标远大

17世纪以来，这座箭楼被人们称为"哥白尼塔"，并作为天文学的圣地保护起来。至今，那里还悬挂着哥白尼的巨幅画像。在弗龙堡建立起箭楼天文观测台后，哥白尼利用仪器"开始进行更准确一些的观测"。然而，弗龙堡并不经常是天文观测的最好地方，只有严寒的冬天并且天气晴朗时，这里才是观测天象的绝好地点。每逢这种季节、这种天气，哥白尼总是不畏寒冷，拿着仪器来到外面的露台上，通宵达旦地进行观测。他所用的观测仪器都是自己动手制作的——这反映出他是一个手脑并用、科艺并举的大师。榜样的力量是无穷的，后来西方相继出现的伽利略、开普勒、笛卡儿、牛顿等科学型艺术大师都秉承了这样的风格。

就是在弗龙堡大教堂，哥白尼开始对托勒密这位天文学大师的体系产生了疑问。他认为从表面来看地球确实是静止的，一切似乎都在按照《至大论》中本轮-均轮所描述的那样有条不紊地运转着。但是，太阳与月球围绕地球不停地运转这一现象其实是由地球的自转所引起的视运动。何谓视运动呢？简单地讲，这是反映天体真实运动的一种表观现象，如同一个人站在甲车上看到乙车开动，以为自己乘的甲车在运

实际上，哥白尼是一位真正的"写生"大师，只不过其作品是一幅圆满而抽象的天体运行图（其左手下）

动一样；反之亦然。哥白尼等观测到行星的不均匀运行，他认为这有力地说明地球并不是宇宙的中心，引起行星距地球时远时近的原因是它们在围绕着另一个星体做运动。

哥白尼对托勒密体系的挑战不仅是一种天文学上的变革，而且也是同亚里士多德物理学的一种决裂；不仅是对宇宙图像的改进，而且也是对当时人们的宗教情绪和精神生活方式的挑战。他似乎感觉到了一场科学风暴即将来临。

接受文艺复兴圣地的艺术熏陶

由于哥白尼早在中学时期就受到舅舅和一些人文主义者思想的影响，到大学后，随着欧洲文艺复兴运动的深入发展，在一些具有进步思想的老师和同学的帮助下，他进一步解放了思想，对人文主义思想又有了进一步的认识，并决心献身天文学的伟大事业，来向影响自然科学研究的教会权威挑战。

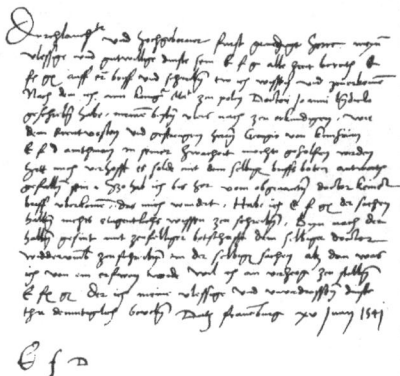

哥白尼1541年书法艺术感十足的手稿

在克拉科夫大学读书期间，哥白尼努力学好学校规定的全部课程，其中，他对数学和天文学尤其偏爱。从现在还保留着的一些藏书里我们可以看到，他在大学期间搜集了亚里士多德和托勒密等世界著名天文学家的许多著作。对这些著作反复进行研究后，他在书的空白处写了许多注解，还贴上了他所做的计算草稿。

那时，许多书籍都是用拉丁文写的，为学好学校规定的课程，将来能继续深造和从事研究工作，哥白尼刻苦学习，很快便较熟练地掌握了拉丁文。他不仅能较快地阅读拉丁文原著，而且能够用这种文字撰写天文学论文和著作。他的巨著《天体运行论》就是用拉丁文写成的。

哥白尼在克拉科夫大学学习期间，由意大利兴起的文艺复兴运动的浪潮已经波及波兰。1496年夏，哥白尼越过阿尔卑斯山脉的布尔山峡，从波兰前往文艺复兴运动的摇篮意大利，在博洛尼亚大学法律学院，他学习了教会法；几年后又到帕多瓦大学攻读法律和医学，并在那里完成了法律的学习；最后他在裴拉拉大学通过了学位考试。

意大利是一个文明古国，历史悠久，首都罗马西北部的梵蒂冈是罗马教廷所在地，从8世纪起这里成为天主教的中心。哥白尼来到意大利的时候，文艺复兴运动正好进入高潮阶段，人文主义风起云涌，在这里不仅诞生了具有远见卓识的文艺复兴运动的领导人，而且还像雨后春笋一般出现了一大批成就卓越、多才多艺的艺术家，其中最杰出的有达·芬奇、米开朗基罗、拉斐尔等。因此，意大利成为人们，特别是富有人文主义思想的青年向往的地方。

在意大利期间，哥白尼拜访了那个时代意大利的大画家、数学家、力学家和工程师达·芬奇。达·芬奇比哥白尼大21岁，他多才多艺，学识广博，是文艺复兴时期的骄子。蔑视宗教神学、冲破传统绘画的清规戒律的达·芬奇，用绘画艺术真实地反映了现实生活，被誉为"科学的画家"。

哥白尼拜访达·芬奇，不仅是为了学习这位大画家的绘画技艺，而且还想听听他对天文学研究的意见。因为哥白尼听说达·芬奇对天文学也很有研究，特别是对托勒密的地心体系有许多看法。达·芬奇虽然是那个时代的名人、艺术大师，却热情地接待了这个当时还籍籍无名的外国年轻学者。当哥白尼向达·芬奇请教天文学研究中遇到的问题时，他毫无保留地谈了自己的看法。他认为托勒密的地心体系不符合宇宙天体的客观实际，应该重新构建宇宙运转的新体系，这使哥白尼对建立宇宙运行新构架更充满了信心。

在这位具有科学精神的大画家的指引下，哥白尼朝着成为更具艺术气质的天文学大师又迈进了一大步。

仰望苍穹、精神境界高于天的哥白尼铜像

手拿"日心说"模型和象征给世界立"数学规矩"之圆规的哥白尼坐像

一枚纪念哥白尼诞辰500周年的邮票（上）

各种纪念哥白尼及其"日心说"的实用艺术形式——纪念硬币、纸币、纪念章和邮票等（中、下）

古老哲学帮助拨正思维的航向

初到意大利时，哥白尼游览参观了意大利的许多著名城市、美丽的风景区，这令他心旷神怡，大开眼界。他来到地处意大利通往北欧商道上的纽伦堡仪器制造中心，这里集结了一大批技术高超的技术专家和手艺人，他们制造的精密天文学仪器驰名全欧洲——哥白尼对此特别感兴趣。在这里，他特意拜访了当时的著名天文学家和天文仪器制作者瓦特尔。

后来在帕多瓦大学时，他又遇到了一位精通哲学、医学和天文学，具有广博知识的学者、著名的天文学教授弗拉卡斯多罗。这位教授在哲学、医学和文学研究上都曾做出具有重大革新意义的贡献，他为哥白尼多年来潜心于天文学研究，敢于向传统的宗教神学挑战的精神所深深感动。为此，他建议哥白尼重读古希腊和古罗马的哲学著作，并指出这对解决地球的运动和地球的位置问题定会有很大的帮助。

通过对古希腊和古罗马哲学的广泛研究，哥白尼希望能找到在天体运动的各方面跟传统观点不同的假说，进一步推动创立宇宙结构新体系的研究工作。于是，他采用了一个大胆的类似于绘画艺术家转换视角创作的研究方法。幸运的是，不辞辛苦的哥白尼，真的发现了古代与地心天动理论相反的见解——"日心地动说"。在天文学史上第一个明确提出以太阳为中心和地球绕太阳运动的精辟见解的人是公元前3世纪初出生在希腊塞莫斯岛的阿里斯塔克斯。他是一个很有独到见解的伟大学者。他正确提出的观点中有许多后来被哥白尼纳入了其体系。

与后来达尔文提出生物进化论时的情况相近，伟大学说的正式出炉总要经历由火种点燃到高温炼就的过程。哥白尼

为自己从古希腊和古罗马哲学中找到了创立宇宙结构新体系的理论假说而高兴。然而，他也深深知道古人的哲学思想还只是一种假想的推论或是一种天才的猜想而已。要把这种天才的思想变为现实，绘制一幅科学的图景，还需要进行大量的天文学观测和艰苦的理论论证。

哥白尼开创了自然科学探索和哲学研究相结合的正确道路。在他之后，许多富有开拓精神的自然科学家为了把自然科学向前推进，不断解决前进中的困难，在自己的科学实践中，总是自觉地把哲学研究和创立科学理论的探索兴趣结合起来，从而摆脱了旧有思想的束缚，视野更加开阔，并提出了更新的理论。正如爱因斯坦所说的："物理学的当前困难，迫使物理学家比其前辈更深入地去掌握哲学问题。"

通过在意大利求师访友，重读古希腊和古罗马的哲学著作，并经过长时间的研究和观测，哥白尼基本上弄清楚了地球运动的问题。这样，他在正确的哲学思想的指引下，把创立宇宙结构新体系的研究工作向前又推进了一大步。

转换视角看宇宙的"绘画大师"

理论的研究、观测的实践使哥白尼找到了托勒密地心体系的很多破绽。他开始认识到这个体系并非完美无缺，而是有些支离破碎，甚至混乱不堪。可以说，哥白尼是采用了一种类似于柏拉图式的鸟瞰世界的方式看待宇宙图景——他设想了自己站在太阳上看宇宙天穹的情景。从某种意义上来讲，他是一名真正会寻找观察角度的"绘画大师"。

对传统的亚里士多德-托勒密地心体系进行长时间的研究之后，哥白尼尖锐地指出，之所以不能建立一个同观测一致的完满体系，是因为他们"虽然能使所运算的视运动与观测结果一致，可是所用的前提违反了运动的均匀性这一基本原理。更重要的是，按照他们的理论，无法推断

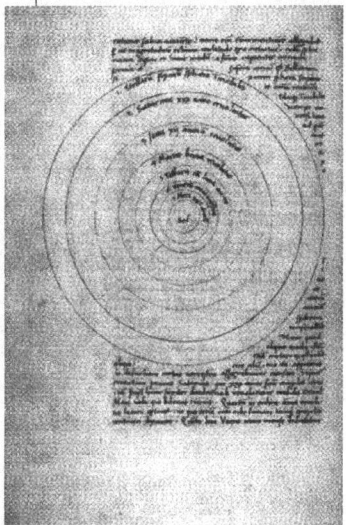

哥白尼《天体运行论》的两张优美的图文手稿——由此可见他的书法与作图功力；下方这幅图就是著名的同心圆结构的"日心说"图景

宇宙的形状及其各部分永恒的对称性"。

哥白尼对托勒密等哲学家、天文学家主观臆断制造混乱的地心体系非常不满。他基于一位画家的审美观念形象地说：托勒密的宇宙体系，就像一个艺术家"要画一张画，从不同的模特儿处临摹了手、脚、头和其他部分，然后不成比例地凑合在一起，尽管每部分都画得极好，结果各部分不协调，画出来的不是一个人而是个怪物。我们发现，在数学家所谓的（研究、探索）过程中，他们不是忽略了一些必不可少的细节，就是塞进了毫不相干的东西"。

事实上，绘画（包括构图、造型、素描、线描、勾勒、上色等）对人们的形象思维能力和直觉思维能力的培养益处多多。对科学上的许多抽象图像和相关概念，有绘画基础的人不仅领悟快，而且理解深。哥白尼就是一位喜欢借助图像来思考的科学家。当他观察到行星在天穹上走过一条蜿蜒曲折的复杂轨迹时，头脑中映现的图形告诉他："这不是行星本身的运动，只是地球运动的反映。"这个直觉导致了他提出颠覆传统的"日心说"。曾向达·芬奇请教过的哥白尼对绘画很有悟性，一幅流传较广的哥白尼木刻像相传就是出于他自己之手。

哥白尼的木刻自画像

哥白尼学说的诞生与发展可谓波澜起伏，它冲破了神学的层层禁锢。而第一个奋起捍卫哥白尼"日心说"的人是意大利杰出的思想家布鲁诺。他在名为《哥白尼的光辉》的诗中写道："你的思想没有被黑暗世纪的卑怯所沾染，你的呼声没有被愚妄之徒的叫嚣所淹没，伟大的哥白尼啊，你的丰碑似的著作，在青春初显的年代震撼了我们的心灵。"

生命弥留之际，哥白尼终于闻到了自己著作的油墨香——绘画局部

哥白尼在《天体运行论》出版之前曾预言："我的《提纲》的解释公开出版之后，就会驱散奇谈怪论的迷雾，得到承认，并且使人佩服。"弥留之际的哥白尼拿到了第一本出版的《天体运行

论》，有一幅画描绘了当时的情景——他的表情到临终都还审慎而怀疑，表明了一个真正的科学家的态度。

哥白尼不仅是伟大的天文学家，还是一位造诣很深的数学家、经济学家、有威望的医生、政治活动家和杰出的爱国者。他才华横溢，是一位多才多艺、学识渊博的时代巨匠。他的高屋建瓴对人类科学走向近代有重要的影响。

月球上以"哥白尼"命名的环形山

开创了近代实验科学的"文艺家"
伽利略

科学肖像解析

伽利略·伽利雷（1564—1642），意大利数学家、物理学家、天文学家，近代科学革命的先驱。他是近代实验科学的奠基人之一，在科学领域为人类做出了巨大贡献，历史上他首先在科学实验的基础上对数学、物理学和天文学3个学科融会贯通，扩大、加深并改变了人类对物质运动和宇宙的认识。伽利略从实验中总结出自由落体定律、惯性定律和伽利略相对性原理等。他被誉为"近代力学之父"和"现代科学之父"，其成就为牛顿的力学理论体系的建立奠定了基础。他还发明了摆针和温度计等。

利用自己发明的天文望远镜发现了许多前人从未看到过的天体现象，并对它们中的部分进行了"科学写生"的伽利略，是一个地地道道的艺术与科学交叉探究的"杂家"。这里的科学肖像将他实实在在的成果浓缩，艺术性地组成一个时钟，镶嵌在满天星斗的夜空。而经他计算发现的加速度定律也动感十足地衬托着这座"天体时钟"。在象征着伽利略满腹经纶的胡须上方有一双窥视天体世界的眼睛，仿佛要通过望远镜看清宇宙的真相。

400多年前，有位意大利人写了一本小册子，宣称用一种自己新发明的"窥镜"发现了天空中的神奇景观，这个人就是伽利略。不过这真不是他在自夸，因为他把别人只是用来取乐的玩具变成了一种科学仪器。1609年，他用自己发明的望远镜辨认出了月球上有许多环形山。整整400年后，为了纪念伽利略发明折射式望远镜及其令人吃惊的发现，联合国将2009年定为"国际天文年"。

生长在意大利的伽利略与文艺复兴时期的巨擘一样都多才多艺，但达·芬奇等人的成就更侧重于艺术，而伽利略留给后人的财富偏重于科学，他们都具有崇高的人文精神。爱因斯坦曾这样评价道："伽利略的发现以及他所用的科学推理方法，是人类思想史上最伟大的成就之一，而且标志着物理学的真正的开端！"这些标志着科学开始的伟大成就，与伽利略对科学与艺术有着全方位的理解是分不开的。

自身是一位绘画爱好者的伽利略于1624年60岁时的素描肖像——这幅艺术感十分强烈的肖像画诞生于文艺复兴时期一点也不令人奇怪

人文主义传统的代表人物

伽利略生活的时代正是欧洲历史上著名的文艺复兴时期，意大利则是文艺复兴的发源地。当时，印刷术的普及使新思想的传播比以往任何时候都更加迅速，人们对千百年来束缚思想感情的宗教神学和传统教条开始产生怀疑。

伽利略自幼受父亲的影响，对音乐、诗歌、绘画以及机械兴趣极浓；他也像父亲一样，不迷信权威，从小就形成了有创意的思维模式。17岁时他遵从父命进入比萨大学学医，可他像英国的达尔文一样对医学不感兴趣，而在课外对著名学者里奇讲述的欧氏几何学和阿基米德静力学怀有浓厚兴趣。他在孜孜不倦地学习数学、物理学等自然科学的过程中，以怀疑的眼光看待那些自古以来被人们奉为经典的学说。

从比萨大学毕业以后，伽利略先后在帕多瓦和佛罗伦萨任教，他将教学与科研工作进行了有机结合，成为近代公认的第一位伟大物理学家。在运动物理学领域，他进

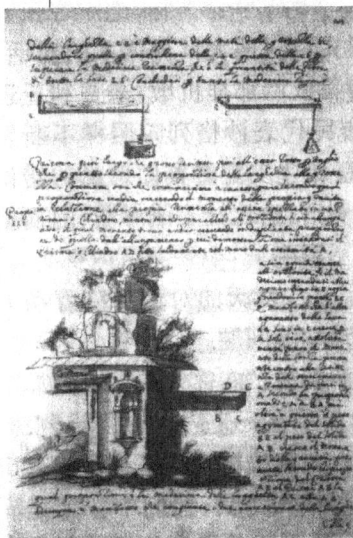

伽利略《两种新科学》的手稿、插图——它们是科学与艺术交织的产物

行了具有开拓性的研究，并首先提出了"所有的运动都是相对的"这一观点。他还研究了引力如何使物体加速运动。当然，在众多发现当中，他利用望远镜在夜空中所获得的发现对科学发展的影响最为重大。他所发现的金星位相以及木星的卫星，都为哥白尼的"日心说"提供了有力的证据。由于公开支持哥白尼的学说，他与罗马的天主教教会之间产生了矛盾。

不论在科学方面还是在文学艺术方面，伽利略都是人文主义传统的代表人物。但他似乎是一个"矛盾体"，生长在但丁故乡的他熟识古罗马文学家维吉尔、奥维德、贺拉斯以及塞涅卡的大部分作品。大多数人文主义者认定古典文学（其中包含罗马诗歌）是广博的科学知识的来源，而且是关于大自然概念的来源，但伽利略与他们的观点却恰恰相反，他反倒认为上面列举的这些古罗马诗人仅仅是诗人，他丝毫不认为古典文学艺术是实证知识的来源，在自己的著作中也几乎从不引用古代诗人的词句，甚至对卢克莱修及其《物性论》也是如此。对于这些做法，他以科学实验的形式做出了诠释性回答。

比萨斜塔——相传伽利略在上面做过重力加速度实验。此建筑由于自身特有的存在状态和伽利略的实验故事而享誉世界，如今集旅游与科学教育的胜地于一体

漫画中展示了两块石头（一大一小），如果不计空气阻力，它们将以同样的速度下落

伽利略集卓越的艺术文学鉴赏家及批评家、科学理论

家和实验家于一身，而且在较大程度上还是艺术和文学的"改造者"。可是他的初衷却是要把艺术创作和科学创造分开来——这似乎与本书中介绍的很多科学家的观念不相一致，但由于这些才华都集中于他一个人身上，客观上它们的互相促进作用不可否认。

从某一方面看，正是由于伽利略同时从古希腊吸取了逻辑推理演绎的方法和诗歌纯美的风格，他才能有如此大的成就。结合现实生活需要，博览人文主义群书，这种两面性在伽利略的文学审美观念中体现了出来。他认为：诗歌不应同时追求讽刺意味，只要诗歌本身写得自自然然、没有半点任意和勉强，能起到表达诗情的作用就行。这就是伽利略和大多数人文主义者的不同所在，他是以美学标准去研究古希腊文学的。

与开普勒同时代的"科学音乐人"

伽利略的科学写作常采用对话体的形式，这可能继承了他音乐家父亲的写法，其父于1581年出版的《古代与现代音乐的对话》一书即采用了这种形式。伽利略有一本著作，涉及真空中自由落体定律的证明、力的独立性原理，以及抛物线弹道的完整理论，成了后来牛顿等人构建经典力学的重要基础之一。与1632年出版的《关于托勒密和哥白尼两大世界体系的对话》类似，在这本著作中，伽利略多次采用辛普利西奥、萨格雷多和萨尔维亚托3人之间对话的形式。

多才多艺的伽利略与同时代的开普勒一样，是一位具有科学本质的音乐人；不过开普勒将音乐的比例性知识糅入科学，而伽利略却要把音乐和数学分开处理，这就导致了成果上的一些区别。同时他也是本国语言写作的高手——其《试金者》一书可谓意大利语的经典之作。

伽利略通晓当时物理学的几乎每一个分支，但他主要是因证明了假说–演绎法与定量实验的完美结合的有效性而被后人熟知。可以说，现代科学的研究方法与模式也因此而被开创。但就是这样一位划时代而又命运多舛的人物，给后人留

伽利略的作品《试金者》封面（左）；哥白尼和伽利略两个不同时代的伟人——他们出现在同一幅新世界体系的画中，可见伽利略对"日心说"的支持（右）

下了许多科学以外的故事。

他的生活经历波折起伏，其个人命运成为自然科学与反改革的宗教之间裂缝逐渐扩大的重要体现。直到1822年，公开抵制哥白尼学说的言论才渐平息。虽然当时"地心说"仍是官方学说，但即使在耶稣教会控制的学校，在课堂上以假说形式介绍"日心说"也已不再被认为是"大逆不道"。

伽利略的发现意义是巨大的。正是他的著作让人们从理智上相信日心系统在物理上是真实的——也可以将伽利略对哥白尼学说的诠释及捍卫与后来赫胥黎对达尔文理论的维护相类比。伽利略在这件事上充满技巧的辩论术在他1632年的著作《关于托勒密和哥白尼两大世界体系的对话》中体现得淋漓尽致，这本书虽没能充分证明地球的运动形式，但其说服力却足以让伽利略深深地触怒了教会。

文学与数学并驾齐驱的大师

1588年，伽利略在佛罗伦萨研究院做了关于但丁《神曲》中炼狱图形构想的学术演讲，其文学与数学才华大受人们赞扬，由此，可以说他是一位文学与数学并驾齐驱的大师。1604年，天空中出现超新星，亮光持续了18个月之久，他便趁机在威尼斯做了几次科学思想普及演讲，宣传哥白尼学说，由于讲得精彩动听，听众逐次增多，最后达千余人——这足以证明他的演讲才能。

后来他用6年时间，撰写了《关于托勒密和哥白尼两大世界体系的对话》一书。1630年他第五次到罗马，取得了此书的"出版许可证"，该书终于在1632年得以出版。此书表面上看似保持中立，但实际上却在为哥白尼体系辩护，并在书中的多处对教皇和主教隐含嘲讽，远远超出了仅以数学假设进行讨论的范围。全书笔调诙谐，在意大利文学史上被列为文学名著，这本著作在我国现在是以"科学元典"（即科学著作）的形式出版的。由此可见，它的文学性与数学性得以比肩。

同样，伽利略在《论运动》的结构和风格上所付出的辛劳，使得科学著作的新形态在他的笔下不断得以成长。这种新形态体现了科学著作的新功能，创造了新的思维方式。时代要求科学著作不断具有新形式。伽利略为意大利的文化产品创造出不少新的典范。像上面提到的《关于托勒密和哥白尼两大世界体系的对话》一书，从题目上看就是科学著作形式创新之典范。

关于科学与诗歌相近的问题的第一次发言，即在佛罗伦萨科学院关于但丁地狱的形状、位置和大小的讲演，猛然看来是伽利略承认了诗歌作品的科学价值。他的创作风格有些像欧洲16至18世纪盛行的建筑式样（巴洛克式）——追求美丽端庄的结构。

伽利略关于木星卫星的手稿（上）；伽利略发现的木星的4颗"伽利略卫星"（下）

但是，伽利略的著作看起来仿佛不那么完整，因为他对自己的著作所追求的不是逻辑上的完整，而是艺术的完美。从这个意义上讲，他又是一位科学的艺术家。由于伽利略贡献的多样性，而且每项工作单拎出来都很突出，但是他又确实缺乏些系统性，所以他像个"杂家"，不然他就会成为另一个笛卡儿了（笛卡儿是一位古典文学造诣颇深、出过抒情诗集的大哲学家和科学家）。有一点可以肯定，他确实具有"敢为人先"和作为"领跑者"的伟大之处，这与他理论与实践、科学与艺术并驾齐驱有关。

伽利略发明的军用圆规可替代计算尺——连同他发明的望远镜，说他是个伟大的发明家一点儿也不为过

进行科学写生的实验物理学先驱

天才人物对时代向自己提出的问题的回答，比问题本身

的知识面还要广博。前面提到过，时代要求科学著作具有新的形态，伽利略为意大利的全部文化产品创造出不少新的典范。而他在借助其发明的工具"仰望星空"时所获得的发现拥有同样辉煌的成就。

1609年7月，据传一荷兰眼镜工人发明了供人玩赏的望远镜，而伽利略未见到实物，思考几日后，他竟用风琴管和凸

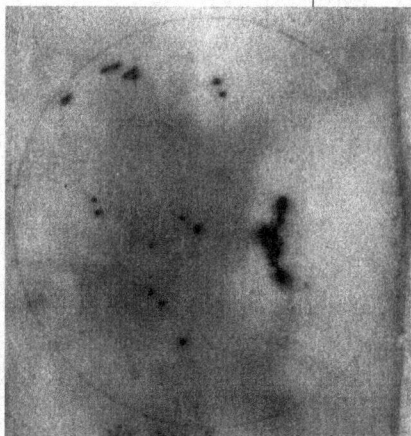

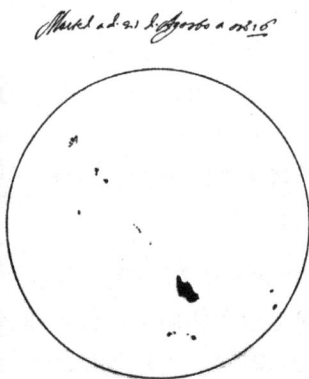

1616年伽利略有关太阳黑子的描绘（左）与插图（右）——集科学发现和艺术描绘于一体的作品

凹透镜（各一片）制成了一架望远镜，当时的放大倍率为3，继而又提高到9。后来他邀请威尼斯参议员到塔楼顶层用望远镜观看远景，观者无不惊喜万分。参议院随后决定聘他为帕多瓦大学的终身教授。1610年年初，他又将望远镜的放大倍率提高到33，用来观察日月星辰，新发现甚多：如月球表面高低不平，月球与其他行星所发的光都是太阳的反射光，木星有4颗卫星，银河原来是无数发光体的总汇，土星有多变的椭圆外形等，这些开辟了天文学的崭新天地。同年3月，他出版了《星空信使》一书，震撼全欧。随后他又发现了金星盈亏与大小的变化，这对"日心说"是一强有力的支持。

伽利略不但是近代科学的"实验物理之父"，而且也是一位绘画艺术天赋极高的学者。1609年，他利用自己发明的天文望远镜，先是观察到月球的盈亏，后来又发现金星也有此现象，而且也是因为太阳光反射的缘故。他亲手绘制了一些精确翔实的盈亏图，具有相当高的绘画水准，因此他也成

为第一个利用望远镜完成对天体进行绘画写生的地球人。

伽利略对月球的观测对天文学产生了深远的影响——到1610年1月，他发现木星周围共有4颗明亮的"月亮"式的星体。当时，开普勒把它们称为卫星。同年年底之前，伽利略又发现金星的位相（如月球一般的圆缺变化），证明它围绕太阳运动。伽利略在致开普勒的信中写道："爱情之母（金星）模仿了黛安娜（月球）的形象。"

1642年1月8日晚，伽利略在意大利的阿切特里去世。为避免引起教皇的不满，伽利略只能安葬于圣十字教堂墓地，这里是许多托斯卡纳名人的葬身之处，但非伽利略的家族墓地。直到1737年，人们才为伽利略竖立了纪念碑，并和伟大的艺术家米开朗基罗的骨灰一起进行了隆重的安葬——这应该是他愿意看到的，因为他本身就是一位具有艺术性的科学家。

伽利略《星际使者》的一页手稿

苏联纪念伽利略诞辰400周年的一枚纪念邮票

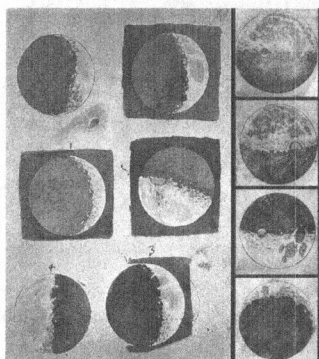

伽利略利用其发明的天文望远镜发现了许多前人从未看到过的天体现象，并对它们进行了"科学写生"——左侧看起来像水彩画的6幅图是月球的盈亏现象图，而它们右方的4幅素描画则是金星的盈亏现象图

为行星运动立法的"大音乐家"
开普勒

科学肖像解析

约翰尼斯·开普勒（1571—1630），杰出的德国天文学家，行星运动三大定律的发现者——这三大定律最终使他赢得了"天空立法者"的美名。他对光学、数学也做出过重要贡献，他还是现代实验光学的奠基人。

开普勒的天文学成就发生在哥白尼与牛顿之间，他与同时代的伽利略共同为牛顿的力学体系建立了坚实的基础。因此，他的科学肖像主要以其画像和所发现的行星运动三大定律叠加而成，其中两边衣领上的方程为第一与第三定律的数学表达式，而胸前的椭圆示意图负像则表现了第二定律；加上背景上方的星星点点、数学坐标和其亲笔签名优美线条的点缀，整个画面呈现出"天空立法者"严谨而艺术的形象。

1609年，开普勒出版了《新天文学》，提出了行星运动的第一和第二定律；在1619年出版的《宇宙和谐论》中提出了第三定律。简单地说，第一定律是，所有行星绕太阳运转的轨道是椭圆的，其大小不一，太阳位于这些椭圆的一个焦点上。第二定律断定，向量半径（行星与太阳的连线）在相等的时间里扫过的面积相等，由此得出结论：行星绕太阳的运动是不等速的，离太阳近时速度快，离太阳远时速度慢。这一定律指出了自然界真正的客观属性。第三定律则认为，行星公转周期的平方与它们各自轨道半长轴的立方成正比。这一定律将太阳系变成了一个统一的物理体系。

开普勒的三大定律就像他所钟情的天文音乐的三部曲，既有变奏，又有协奏，让人欣赏起来从不感到乏味，只要太阳系存在，就会这么和谐地演奏下去……

独创而无畏的"天体诗人"

人们普遍认为开普勒的数条天文学定律是行星运动的"法规"，而他就是那"立法"之人；我们还可以认为，开普勒的一条条定律就像写在天空中的诗歌，而他就是一位纯粹的"天体诗人"。

1571年12月27日，开普勒出生在德国威尔的一个贫民家庭。他的祖父曾是当地颇有名望的贵族。但当开普勒出生时，家道已经衰落，全家人仅靠经营一家小酒店生活。

和牛顿一样，开普勒是一个早产儿，他在母亲肚子里只待了7个月，出生时体质很差。童年时期的开普勒遭受了很大的不幸，4岁时患上了天花和猩红热，虽侥幸死里逃生，身体却受到了严重的摧残，视力下降，一只手半残。由于视力较差，夜空的星辰对他来讲只是一些微弱的发光体，很不明晰。但开普勒身上有一种顽强的进取精神，据说"得与失"是一对孪生兄弟，它们总是相伴而生。他12岁时入修道院学习，放学后要帮助父母料理酒店。这个终生病魔缠身的人，在贫病交加中奋斗多年，终于实现了年轻时立下的宏愿，成为被人赞誉的"为天空立法的人"——也就是在宇宙的大幕上写诗的那个人。

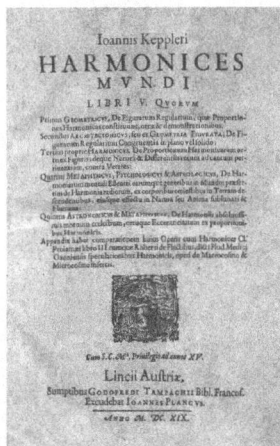

开普勒1619年拉丁文版的《宇宙和谐论》

手持天文学著作的开普勒雕像——他像一个诗人，正向世人朗诵着行星运动三大定律的诗篇

行星运动三大定律的发现为经典天文学奠定了基础，它们为数十年后牛顿万有引力定律的发现书写了"诗序"。这三大定律在天文学上有着十分重大的意义，它们是天文学的独到见解和艺术想象力的融合。开普勒本人在科学思想上表现出的是无比勇敢的创造精神。只有真正的"天体诗人"才会有这样独创而无畏的气质。

远在哥白尼创立日心宇宙体系之前，许多学者对于天动地静的观念就提出过不同见解。但从未有人怀疑过天体遵循完美的均匀圆周运动这一观点，然而开普勒却毅然否定了它。哥白尼是一个完美主义者，因为圆象征着完美无缺，他可能从来没有想过用椭圆来描述天体运行的轨道。正如开普勒所说："哥白尼没有觉察到他伸手可得的'财富'。"

开普勒提出的三大定律不但彻底摧毁了托勒密的本轮系统，而且也把哥白尼体系从本轮的桎梏下解放出来，并为它带来充分的完整和严谨。开普勒找到了最简单的世界体系，只用7个椭圆就全部解决了问题，这就是本小节称他为"天体诗人"的原因，因为诗歌总是最简洁和最有想象力的，它会以最少的文字表达最多的内容。

这三大定律如同用数字和符号编写的诗句，证明行星世界是一个匀称的、开普勒所称的"和谐"系统，它们使得神秘无边的宇宙星空逐渐显得井然有序。这个系统的中心就是太阳，受来自中心某种统一力量的支配。太阳位于每颗行星椭圆轨道的焦点之一上。行星公转周期决定于各颗行星与太阳的距离，与其质量无关。而在哥白尼体系中，太阳虽然居于宇宙的中心，却并不扮演这个角色，因为没有一颗行星的轨道中心是与太阳重合的。

在1609年发表了《新天文学》第一部分之后两年，开普勒发表了一篇只有区区24页的论文，题为《关于六角雪花》。这是一个好奇的科学头脑在思考的精彩例证。1610年

12月的一个深夜，开普勒走在布拉格的查理大桥上时，一片雪花落在了他的大衣翻领上。在这个寒冷的夜晚，他驻足思考：为什么这种转瞬即逝的冰片，虽然看起来形状变化无穷，但却都是六边形结构？在此之前，有人已经注意到了这种对称性，但开普勒意识到，雪花的对称性必然是其形式之下所隐藏的一种更深层次的自然过程的反映。

开普勒还于1600年出版过《梦游》一书，这是一部纯幻想作品，讲述的是人类与月亮人交往的故事，书中谈到了许多不可思议的东西，像喷气推进、零重力状态、轨道惯性、宇航服等。人们至今不明白，几百年前的开普勒是根据什么想象出这些高科技成果的。尽管开普勒的这本书是纯幻想作品，但它一定有一些背景来源，如毕达哥拉斯的思想或古希腊神话。这本书反映了"天体诗人"开普勒的艺术想象力和坚实的文学功底。1591年，他获得了文学硕士学位。

"诗人"曾赞美雪花，在他写作时，天开始下雪，而且越来越大——他一直在忙着观察并描绘这些具有数学之美的小雪花

天文学研究的高超艺术

就像在牛顿力学与爱因斯坦相对论两座科学高峰之间出现了麦克斯韦电磁学统一高峰一样，在哥白尼与牛顿中间也出现过伽利略和开普勒。其中，开普勒这座科学高峰主要表现在天文学领域，他是一个勇敢站出来捍卫哥白尼"日心说"并在天文学方面有突破性成就的人物。

1589年，开普勒进入了德国杜宾根大学，在学校中遇到了秘密宣传哥白尼学说的天文学教授麦斯特林。在麦斯特林的影响下，开普勒很快成为哥白尼学说的忠实维护者。开普勒后来中止了神学、哲学和数学课程，去奥地利格拉茨的路德派高中任数学教师，自此开始了天文学研究的事业。1596年，他因出版《宇宙的神秘》一书受到当时丹麦天文学大师级人物第谷的赏识，并应邀到布拉格附近的天文台做研究。1600年，他在布拉格成为

位于布拉格的第谷（左）和开普勒（右）师徒雕像——开普勒更富朝气地仰望着天空

第谷的助手。次年第谷去世，开普勒自然成了第谷事业的继承人。

从某个角度来看，第谷在天文学上最大的成就是发现了开普勒，而不是什么测量无数恒星的位置和行星的运动、发现黄赤交角的变化、月球运行二均差以及岁差的测定等。第谷在临终前将自己多年积累的天文观测资料全部交给了开普勒，再三叮嘱开普勒要继续他的工作，并将观察结果发表出来。后来，开普勒在伽利略的影响下，通过对行星运动进行深入的研究，逐步抛弃了柏拉图和毕达哥拉斯单纯用数来解释宇宙构造的神秘主义学说，走上真理和科学的轨道。可以说，这是一段在天文学史上巧夺天工的大师间的师徒情缘。

1601年，第谷去世后，开普勒继承了老师未完成的事业，研究起火星。当时，无论是托勒密还是哥白尼，都认为星球是做圆周运动的。起初开普勒也持这种观点，并利用第谷留下的关于火星的资料以圆周轨道来计算，可计算了几个月却毫无结果。

一天，恩师麦斯特林来布拉格看望开普勒，见他的屋子里到处画满了乱七八糟的圆圈，纳闷地问："我不知道你这些年到底在干什么？"

"我想弄清行星的轨道。"开普勒答道。

"这个问题从托勒密到第谷·布拉赫，不是都毫无疑问了吗？"

"不对，现在的轨道和布拉赫的数据还有8分之差。"开普勒回道。

麦斯特林失声叫道："8分，多么小的一点啊！只相当于钟盘上秒针在0.02秒的瞬间走过的一点角度！我的朋友，你面前是浩渺无穷的宇宙啊，难道这点误差也要引起愁思？"

开普勒冷静地说："我已经查遍布拉赫关于火星的资料。他20多年如一日的观察数据完全一致——火星轨道与圆周运动有8分之差。感谢上帝给了我这样一位严谨的观测者。这8分绝不敢忽视，我决心从这里打开缺口，改革以往所有的体系。"

恩师和亲朋的不理解并没有让开普勒动摇。他不像第谷那样决心研究1000颗星星，而是紧紧盯住一颗星星——火星！经过几年的不懈研究，1605年，开普勒终于发现火星的轨道并不是圆形的，而是椭圆

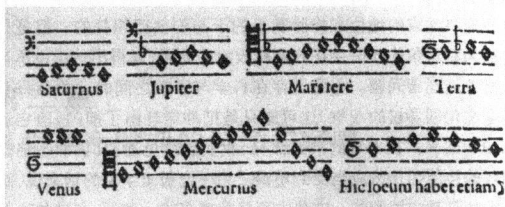

开普勒的天体音乐图——《宇宙和谐论》原版插图

形的。这个发现在天文学上具有划时代意义，它就是后来被称为"开普勒第二定律"的椭圆定律。就这样，一个惊世天机被开普勒识破。在这方面，后来的爱因斯坦广义相对论对牛顿万有引力的"'微小'改造"倒是与之有点相像。科学史实证明，科学研究的高超艺术就体现在对"毫厘之差"的勇敢修正上。

当开普勒把哥白尼认为的行星轨道由圆形改为椭圆形并最终确定太阳在椭圆的一个焦点上时，他高兴得跳了起来，喊出的第一句话是："感谢上帝，让我看到了美！"

崇尚天体和谐的"音乐家"

早期的开普勒深受柏拉图和毕达哥拉斯神秘主义宇宙结构论的影响，以数学的和谐性去探索宇宙。他用古希腊人已经发现的5个正多面体，跟当时已知的6颗行星的轨道套叠，从而解释了太阳系中包括地球在内恰好有6颗行星以及它们的轨道大小的形成原因。他把这些结论整理成书发表，定名为《宇宙的秘密》。这个设想虽带有神秘主义色彩，但却也是一个大胆的探索。

体现开普勒既是一位真正的天文学家，又是一位艺术感超强的音乐家的则是他的名著《宇宙和谐论》。在这本著作中，开普勒将天文与音乐进行了有机的融合。该书主要介绍几何与物理世界的和谐和全等，共分成5个部分，主要讲述正多边形、几何全等、音乐和声的原理、位相与行星运动的和谐。

可以说，开普勒发现了行星运动的物理和谐性。他发现行星在轨道上运动时，在最高和最低角速度之间有近似和

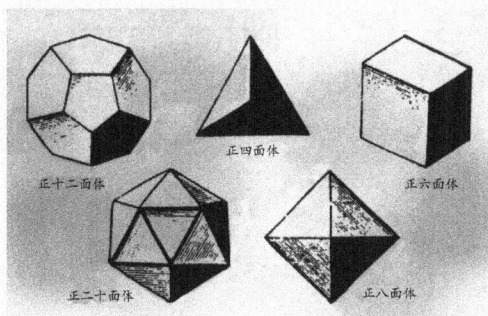

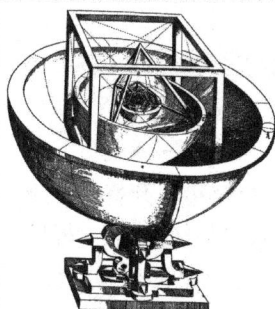

5个柏拉图正多面体（左）以及开普勒用它们构建的和谐宇宙模型（右）

谐的比例。例如：地球相对于太阳的角速度在近日点和远日点之间以一个半音改变（16∶15），而金星则是25∶24（升音）。在非常罕见的间隔内，所有的行星将一起唱"完美和谐之歌"：开普勒提出，这可能在历史上只会发生一次，也许在行星形成的时候。

开普勒还发现，只有一个两相邻行星的最高和最低角速度之间和谐的比例例外——在周边的行星轨道近似的"音乐"和"声幅"内，误差小于一个"升音"（25∶24的间隔），即在火星和木星之间产生一个例外的规则，形成了不和谐比例18∶19。事实上，导致不和谐的原因可能是一个事实，即小行星带分隔两个行星轨道。小行星带在开普勒逝世170年后的1801年被发现。

开普勒行星运动三大定律的导引涉及解微分方程的艺术。在《宇宙和谐论》中，他提出的第三定律只占该书第五卷的一小段，但却是整本著作最重要的部分。从开普勒取得的成果的重要性来看，令人感到惊奇的是他的成果甚至差点

开普勒与他的和谐宇宙模型及开普勒望远镜升空运动的纪念邮票

被伽利略这样伟大的科学家所忽略。

　　《宇宙和谐论》涵盖开普勒毕生研究的精华，他相信自己发现了上帝设计宇宙的逻辑和音乐的和谐程序，而无法抑制内心的狂喜。此书第五卷的序言写道："总之书是写成了，骰子已经掷下去了，人们是现在读它，还是将来后代子孙读它，这都无关紧要。既然上帝为了他的研究者已经等了六千年，那就让它为读者等上一百年吧！"结果，此书数十年之后促成了牛顿发现那举世闻名的万有引力定律。

开普勒纪念币——手拿圆规的他俨然一副为太空行星运行立方圆规矩的庄重姿态

　　2009年3月6日22时50分（美国东部时间），搭载世界上首架用于探测太阳系外类地行星的开普勒空间望远镜（以伟大的约翰尼斯·开普勒的名字命名）的火箭在美国卡纳维拉尔角空军基地成功发射升空，为人类搜寻地外生命翻开了崭新的一页。

　　实事求是地讲，开普勒对天文学的贡献几乎可以和哥白尼相媲美。事实上，从某些方面来看，开普勒的成就甚至给人留下了更深刻的印象——主要体现在他那更富于创造力的头脑与更坚毅的品质上，当时所面临的巨大数学计算困难以及他富于艺术家特质的丰富想象力上——后来这在牛顿那里得到了进一步的发扬光大。

创建解析几何学的"理性诗画家"
笛卡儿

L. 2016.1

科学肖像解析

　　勒内·笛卡儿（1596—1650），法国著名的哲学家、物理学家、数学家、神学家。他因将几何坐标体系公式化而被认为是"解析几何之父"，被誉为"近代科学的旗手"。他被普遍认为是西方现代哲学的奠基人。他首创了一套完整的哲学体系，且第一次明确地提出了动量守恒定律：如果一个系统不受外力或所受外力的矢量和为零，那么这个系统的总动量保持不变。

　　笛卡儿在科学上最突出的贡献是提出了解析几何系统，所以科学肖像的发散性前景主要表现了他在几何坐标体系方程化方面的成果——直角坐标系出现在他那理性审视世界的眼前，各种典型的解析几何曲线和公式从他的大脑处四散迸发出来，装饰着整个画面……他的思想理性而行为艺术。

本书（上下册）介绍的建立抽象数理方程的大师中，有多位与诗文"结交"——麦克斯韦、庞加莱、薛定谔、陈省身、杨振宁、丘成桐等，仿佛科学的抽象方程与人文的简洁诗歌处于等价地位。而笛卡儿在这些人物中是较早出现的。说他是理性实践家一点儿也不为过，但这还不能完全概括他的成就，因为他的古典文学造诣也很高。他会创作一些诗歌来抒情言志，据说他晚年曾写过一本诗集，并出版了一本小书《激情论》，他认为这是他整个知识体系中不可或缺的部分。

因创立解析几何而对科学产生了巨大影响从而家喻户晓的笛卡儿，哲学上以"我思故我在"的绝唱最为著名。难怪数学史思想家克莱因说："笛卡儿是第一位杰出的近代哲学家，是近代生物学的奠基人，是第一流的物理学家，但只偶然是个数学家。不过，像他那样富于智慧的人，即使只花一部分时间在一个科目上，其工作也必定是有重要意义的。"

理性的诗人与画家

笛卡儿出生在法国图赖讷地区的莱依镇（现在以"笛卡儿"命名）。他的父亲约阿希姆·笛卡儿是布列塔尼省伦诺地方法院的评议员，按现代的话来讲，他既是律师又是法官，地位介于贵族和资产者之间。他的母亲让娜·布罗沙尔出身于同一社会阶层，她在笛卡儿1岁多时因患肺结核而去世，因此也将病传染给了儿子，造成笛卡儿日后的体弱多病。但去世时，她给笛卡儿留下一笔遗产，加上再婚的父亲一直提供金钱方面的帮助，他能够受到良好的教育，追求自己的兴趣，而不用担心经济来源问题。笛卡儿也因此养成了终生沉思的习惯与孤僻的性格。

幼年体弱并丧母的笛卡儿由一位保姆照料，8岁时到镇上一所耶稣会学校读书。校方出于对他健康的关心，特许他早晨可躺到愿意去上课时为止。据说因此他养成了清晨卧床长时间静思的习惯——几乎终生未变。该校的教学规定为，学生在前5年学习人文学科（即拉

现今，在笛卡儿出生地展示的广告牌

丁语、希腊语和经典作家的作品）、法语（包括写作诗歌与散文）、音乐、表演和绅士必备的技艺——骑马和击剑等；后3年的课程总称是哲学，包括逻辑学、一般哲学、物理、数学、天文学及形而上学的哲学等。

在涉及科学的课程中，数学和天文学含有较新的内容。笛卡儿在热切学习它们的同时也对诗歌怀有浓厚的兴趣，他认为"诗是激情和想象力的产物"，人们心中知识的种子犹如埋在燧石中，哲学家通过推理使之显露，"而诗人靠想象力令其迸发火花，因而更加光辉"。晚年他还整理出一本自己的诗集——一些科学与艺术能够共融互补的思想最早可见于他的著作《奥林匹克》。请看一段他的小诗：

> 请不要惊讶：看见我年轻漂亮，
> 前不久您还看见我是另一模样。
> 只要我生活安宁、意足心满，
> 立刻恢复青春：这是天性使然。

笛卡儿绘制的视网膜上倒像的示意图（上）及他所画的磁感线（下）

然而，理性毕竟在笛卡儿一生中占据主导的地位，否则他也不会成为一个伟大的科学家和哲学家。还在普瓦提埃大学时，他就学过"理性十足"的法律学并取得学位，这为他在今后科学研究中取得成果奠定了"规则意识"的基础——本书介绍的科学家中有多位学过法律并在科学上取得了伟大成就——仿佛学习和类比人间规矩对寻找自然规律有所帮助。正是强烈而理性的"规则意识"，让笛卡儿创立了自己的学术体系并发现了诸多科学真理。但正如他所认为的，理性还要有艺术元素的渗入，只有想象力才能令知识的种子迸发火花，因而真理才可更加光辉。

再看看他的绘画吧。笛卡儿没有让绘画仅仅成为自己的一种爱好，而是自然地使其在科学（包括数学）的著作中闪耀着光辉，并且成为他科学成就中的一部分。这里我们可以体会到科学之艺术家的厉害——没有"艺术黏合剂"的科学最终是松散而形成不了整体的，更谈不上成为一种真理性的有机体系了，而在笛卡儿的许多绘画示意图中，我们都能看

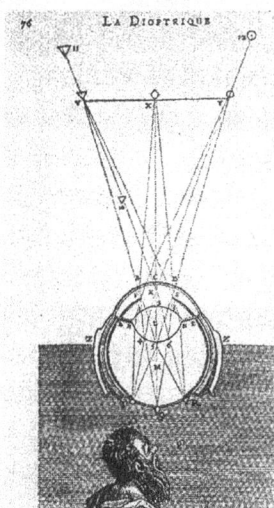

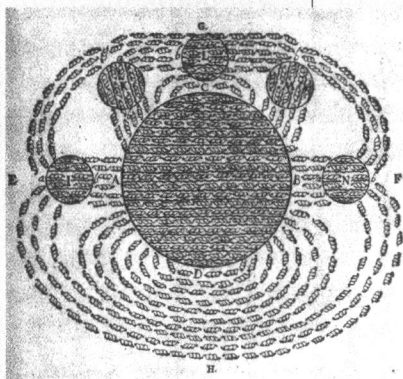

见科学与艺术交融的影子。

　　纵观笛卡儿的一生，他只想偎依着自己的思想有一席恬静之地。让我们记住这样一个正直的人：他愿尽毕生努力培育自己的理性，尽可能深入地去认识真理。他的墓志上面写着："缅怀笛卡儿，自从文艺复兴以来，第一个要求恢复并庇护人类理性权利的人。"然而他又像一座活火山，会时不时地喷发出艺术性的激情，让他的创造更加充满想象力，因而也就越显伟大。

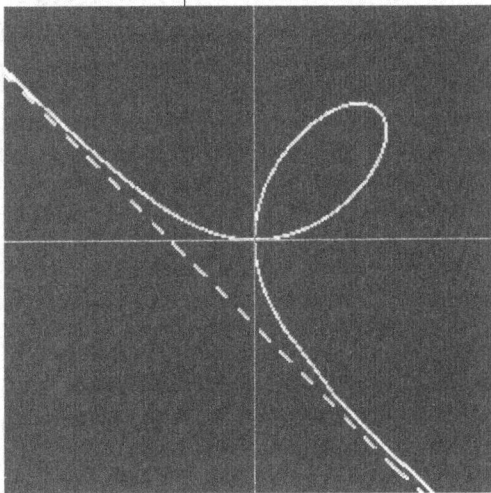

笛卡儿正在激情创作——可以说他是一位"理性的画家"（左）；
笛卡儿叶线——这是笛卡儿首次提出的美丽的几何曲线（理性画作），又叫茉莉花瓣曲线（右）

　　笛卡儿叶线是表明曲线与方程相对应的一个例子。笛卡儿突破了欧氏几何只用尺规作图的局限，以前一向为几何学家所回避的许多美妙曲线便有了和常见曲线相同的地位，从而大大扩展了数学的领域。现代数学研究的曲线种类繁多，例如玫瑰线、三叶草线、蔓叶线、蚌线、曳物线、回旋曲线等。笛卡儿还研究过对数螺线。对数螺线是一根无止境的螺线，它永远围着极绕，越绕越靠近极，但又永远不能到达极。

富有激情的多领域科学家

　　笛卡儿对显得理性的数学有着独到的见解，这恐怕与他暗藏的激情有关，而人们总认为激情对艺术创作更有好处。他觉得古希腊人的综合性几何过于依赖图形，这样会束缚人的想象力，综合性几何虽提出了大量真理，但它并未告诉人们"事情为什么会是这样，也没有说明这些真理是如何发现的"；而对于当时的代数，他也认为它完全从属于法则和公式，不能成为改进智力的科学；至于三段论逻辑，他认定是不能产生任何新结果的。

所以，在笛卡儿的一些著作中，他努力主张将逻辑、几何、代数三者的优点结合起来而丢弃各自的不足，从而建立一种"真正的数学"或一种"普遍的数学"，用于研究"一切事物的次序和度量性质"，不管它们是"来自数、图形、星辰、声或其他任何涉及度量的事物"。而他的《几何》就是从事这种具体数学框架研究的结晶，其中最惊人的业绩便是提出了使得微积分诞生以及促进近代科学繁荣的解析几何的基本思想与方法。

既然涉及激情的元素促使理性开花，有桩小事我们不妨说一说。有人曾把1619年的某天定为解析几何的诞生日，因为据说那个夜晚笛卡儿做了多个与解析几何有关的梦，他顿悟到上述的那种"普遍的数学"有可能实现。"日有所思，夜有所梦"的道理是人们都知道的，因为笛卡儿在那日之前的几年间正经历着对一切旧事物进行彻底怀疑与批判的哲学反思。虽然这只是个传说，我们却可以从中看出笛卡儿对数学的专注。

笛卡儿《几何》的扉页——图文并茂

写作《几何》的手迹

笛卡儿"激情燃烧的岁月"还体现在他对其他学科的认识与践行改造上。尽管接受了当时很好的学校教育，但他对学校式教育的结果并不满意。后来他总结道："我从孩提时期起就一直在学问的哺育下成长……可是，一旦我完成了全部学业……我似乎觉得，我受教育的结果无非是越来越发现我的愚昧。"——这在创造学上也是一个重大课题，就是说，知识是那么多人正在增添的东西，靠一个人的一生是怎么也学不完的，没有兴趣而过多机械地学习反而对创造不利——这是后来爱因斯坦也经历过的煎熬。于是，笛卡儿决定，要放弃学校和书本知识的学习，到欧洲各地去旅行，读一读外部世界这部大的教科书。

1991年欧元硬币上的笛卡儿浮雕像——他的长发以书本与卷纸的形式展现，象征着他的智慧头脑永存

在游历期间笛卡儿曾经遭遇过一次险情，他所乘坐船只上的水手企图抢劫并杀害他。平素羸弱、温文尔雅的他果敢地拔出剑，使抢劫者望而却步。这个人生插曲展现了理性思想家的另外一面。事实上，笛卡儿从小迷恋剑术，曾写过一本《击剑术》的书，外出旅行时，他总是佩剑而出。

不甘寂寞和不想被尘世束缚的笛卡儿还自费从过军，从1617年开始他服了4年兵役，借机游历了很多地方。对他来说，服兵役是他认识世界的良好方式。在军队里他只是做些并不繁忙的文职工作，于是就有时间从事科学研究。他在服役期间，所做的最重要的事是进行沉思——他是一位穿着军装的数学家、物理学家、生物学家、思想家……

笛卡儿不但创立了解析几何，在科学上还是个多面手。他首次对光的折射定律进行了理论论证，并正确地解释了彩虹形成的原因；他对人眼进行光学分析，探讨了眼睛的功能及病态的原因，设计了矫正视力的透镜；发展了伽利略运动相对性的理论，比较完整地表述了惯性定律；隐约窥见了能量守恒原理；创立、发展了

纪念笛卡儿的方式——将其头像和智力成果印在众多邮票和纸币上

旋涡说和宇宙演化论等；探讨了人体的生理反射活动等。他还写就了《几何》《屈光学》等科学著作。如此众多的科学业绩离不开他的激情。

感性与理性交织的哲学家

小时候笛卡儿就对周围的世界充满了好奇，父亲见他颇有点哲学家的意思，就亲昵地称他为"小哲学家"。从小看大，后来他果真成为了西方现代哲学的奠基人、近代二元论和唯心主义理论著名的代表。他的哲学代表作品有《方法论》《哲学原理》和《形而上学的沉思》等。

游历中的笛卡儿一生的大部分著作都是在荷兰完成的。在荷兰时，他一般都将居住地选在大学附近，这是能把乡间别墅的方便与邻近城市的优越条件结合起来的地方。例如他曾隐居的安德盖斯特城堡距离阿姆斯特丹、莱顿、海牙都很近，从他的寓所走到海牙的路是世上最风光绮丽的道路。文明而美丽的荷兰给了笛卡儿创作的灵感。

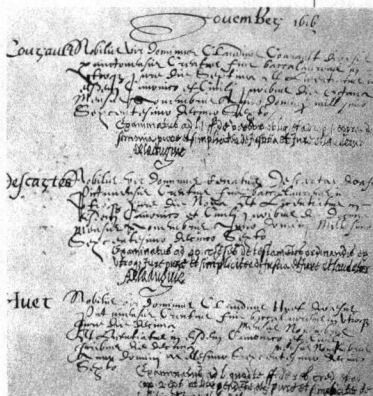
笛卡儿的创作手迹

位于阿姆斯特丹的笛卡儿雕像

笛卡儿一生未婚，即使在偶然地向他喜爱的女士献殷勤之际，他还是会说："没有任何美丽的东西能够比真理更美。"但在他的一生中也曾有过一些爱情小插曲。他曾说："一位美丽的女人，一部出色的作品，一个完美的传教士，是这个世界上最不容易找到的东西。"波希米亚的伊丽莎白公主是他交往最长久和稳定的女性朋友。公主是个美人，精通数种语言，对科学也颇有见地。两人于1642年相识，此后不辍来往，书信不绝。公主认为笛卡儿是她"灵魂的最好医生"，而笛卡儿则认为公主是唯一能够既理解数学又理解形而上学的有识之士，容貌酷似美丽、温雅、欢乐的美惠女神。

应瑞典女王克里斯蒂娜的邀请，1649年9月，笛卡儿来到斯德哥尔摩为其讲课。定在寒冷清晨5点的讲习打乱了他多年来晚起的习惯，再加上他身体孱弱，不适应高纬度的气候，几个月后他就因患肺炎辞世了。在去世前不久他曾写过一封信："我待在这里极不自在，我只想获得安静和休息。"然而我们不禁要问，是什么让他不能活得更自我呢？看来理性和感性并不是两匹同时可以骑的马，必须骑在一匹马上，而另一匹则可以牵着。

荷兰化学家、医生布尔哈弗曾对笛卡儿有过这样一段评论："如果你读了笛卡儿的《几何》之后，又去看他写的形而下学的东西，你很难相信这些著作是一个人写的，你会大为骇然：怎么这样伟大的一位数学家会坠入这样一大堆错误之中。"今天看来，笛卡儿的一些科学结论可能是错误的，但他理论与学识上的博大精深和思考问题的独特方式却启发了一个又一个伟大的头脑——牛顿就是其中的一位。

笛卡儿（右侧人物）为瑞典女王克里斯蒂娜讲课（油画局部）（左）；"我思故我在"（雕像基座上的话是其拉丁文）是笛卡儿知识大厦的基石——他对"我"的发现是划时代的发现，标志着近代哲学的"主体"正式建立起来（右）

　　笛卡儿是近代理性主义哲学的奠基者，他高举理性主义的旗帜，号召人们依从理性光芒的指引，去探求事物的真理。然而，理性中必然交织着激情，否则就像一幅只有山没有水（或相反）的山水画，好像缺少了什么——实际上，山水是相连的，无论是从地质科学还是人类审美情趣两方面看都是如此。

　　笛卡儿是法国人的骄傲。法国以各种方式纪念笛卡儿。巴黎第五大学以笛卡儿的名字命名，学校以笛卡儿的科学探索精神为指导，注重教学与科研实践。

　　传统几何无法解析运动的物体，而在与变量有关的广阔天地里，解析几何却大有用武之地。现代的许多高新技术产品，如飞机、船舶、航天器等，其设计造型都离不开曲线方程工具，而这些曲线方程的表现机制都与勒内·笛卡儿的名字及其解析几何密不可分。

笛卡儿之墓

"笛卡儿"号船

集理论、实验和技艺于一身的"艺术巨匠"
牛顿

科学肖像解析

艾萨克·牛顿（1643—1727），有史以来人类最伟大的物理学家、数学家之一，科学领域百科全书式的天才人物。他著有《自然哲学的数学原理》《光学》等影响人类几个世纪的科学书籍。他提出的三大运动定律和万有引力定律构成的经典力学体系，掀起了一场真正意义上的科学革命。他还与莱布尼茨各自独立创立了微积分学。

关于牛顿的画像有不少，而且有些形象略有差异，但多数都反映出他英气而威严、可望而不可及的一面。这幅科学肖像却反映的是那个传说中英国伍尔索普村怡人的秋夜、月亮高挂时分，一个苹果落地激发牛顿灵感闪现发现万有引力定律的故事——其中苹果在空气中"嗖嗖"坠落的形象变为竖排的万有引力定律公式"下落"痕迹的图景。

在介绍1931年出版的牛顿的《光学》一书时，爱因斯坦这样描述了牛顿："自然于他就是一本打开的书……他集实验家、理论家、技工以及处于爆发期的艺术家于一身。他坚定、强壮、孤独地站在我们面前。"

伟大的牛顿是一个打破某些知识不是人类思想所能涉足的观念的人，这一观念已烙印在西方文化中达数个世纪之久。在牛顿之前，人们普遍认为人类只能理解上帝允许的范围，而牛顿竟以自己的思想体系和科学理论巧妙而艺术地突破了它们。同时，牛顿也是一个从根本上改变了当时科学研究中思维方法的人。他建立了自己的宇宙观——今天我们称之为"牛顿宇宙"的框架是其具体表现形式。这些思想比其科学理论本身更加宏大，它们甚至是哲学式的科学研究和交响乐的主题，还包括对掌握世界本质的不同艺术形式的探讨。

12岁时小牛顿的画像——一副仰望天穹、凝视未来、求索思考的模样

技术和工艺俱佳的实验家

1642年1月8日，伽利略在意大利的阿切特里去世。将近一年之后，1643年1月4日，牛顿出生在英国林肯郡的伍尔索普村。牛顿小时候并没有表现得比常人更聪明，甚至还有点"笨"。据说他曾为家中的两只猫做了一大一小两个门洞，让大猫走大洞，小猫走小洞，结果是两只猫都走大洞。后来小牛顿吸取失败的教训又做了另一种猫洞，它可以让猫自由进出房间或者只进不出。

依照现在的说法，牛顿的动手能力堪称一流。更令人惊奇的是，他的动手能力与动脑能力"比翼齐飞"，这就难怪他比绝大多数人站得更高、能在实验与理论物理两方面均取得辉煌成就了。

据说，少年牛顿有小制作的爱好，后来发展为制作科学仪器的热情，特别是光学仪器，他在剑桥大学三一学院还进行了光学实验。对光学感兴趣的他制作的反射式望远镜就是一个有名的例子。正是这架望远镜让牛顿第一次引起了英国皇家学会的注意。24岁时他就完成了论文《关于颜色》，而于1704年，继《自然哲学的数学原

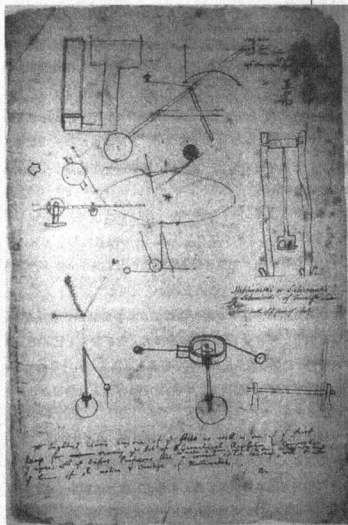

牛顿早期的器械草图——集设计思想、绘图制作、功能实现于一体

理》之后他又完成了一部巨著《光学》。

可以说，在牛顿的科学生涯中，光学贯穿了始终。我们认为，一个对光色感兴趣的科学家（不论是实验制作，还是理论研究方面），一般也都是在艺术上有造诣的人——几个与光色研究有关的伟大人物，譬如，后来的麦克斯韦、爱因斯坦和玻尔等都是文学艺术的爱好者。因为对光色元素的描述和研究，既属于科学，也属于艺术——从达·芬奇到印象派画家，再到后现代画家们也是如此。

牛顿住处的很多木板上都有他手工刻的"艾萨克·牛顿"，学校里的课桌上也都是这样。又是刻又是画的他，在房子里还到处留下"日规"的手笔。与两个世纪后的大实验物理学家法拉第和大发明家爱迪生一样，牛顿是一个喜欢"留名"的杰出"工匠"——倒不是什么真正的留名，可能是一种体现刻名字的工艺水平的方式吧，这也是一种工匠和艺术家都有的愿望。

牛顿上中学时刻在教室窗台上的名字——事实上他已将其名字刻在了科学史中最显眼的位置，只要人类文明存在，他的名字就是不朽的

工艺制作本身是一个向实现功能和使结构美观进发的过程，而之前的设计则反映了创作者的审美情趣——这里所说的"美"既有艺术美，也有科学美，它们对于科技创造与发明缺一不可。而牛顿集实验家、理论家和艺术家于一身，不得不说他的伟大和成功是有深层原因的。

少年时期，牛顿的发明灵感有许多来自约翰·贝特著的一本书——《自然与艺术之奥妙》，它的第三版于1654年出版，当时牛顿11岁。5年后，牛顿花两个半便士买了一个笔记本，在这个笔记本中，牛顿对贝特的书做了大量笔记，包括如何绘画、如何捉鸟、如何制造各种颜色的墨水等。1668年，牛顿25岁的一天，在获得文学硕士学位后他花了15先令进行庆祝。

小时候就做过钟表模型并练就了一双巧手的牛顿，在制作第一架有效的反射式望远镜的时候，用了一片薄薄的金属，而不是使用手工工具几乎不可能磨平的玻璃。他在金属中间挖了一个碟状的孔，然后用一种特殊的白色合金对金属片进行精心打磨——这尤为体现其工匠精神。当这项乏味的工作完成之后，他把这面金属镜做成反射镜，将它与其他零件一起装入了一个小直筒。1669年2月23日，牛顿在给一位朋友的信中，描述了这架反射式望远镜的效果，并进行了计算："能将物体的直径放大大约40倍，任何6英尺（1.8米）长的望远镜都达不到这个效果，我对这点确信无疑。我可以用它清晰地看见圆圆的木星以及它的卫星。"

他毫不怀疑精心制作的6英尺长的反射式望远镜与任何一个"用普通方法制成的60到100英尺（18～30米）长的望远镜"的效果相同。他意识到这样的说法让人难以理解，又说"这可能是一个奇怪的断言，但这确实是我根据光的特性所做的一些实验的必然结果"。牛顿在乡下老家完成此举并成功的消息传到伦敦，他因而受到了众人的赞许。

精于研究艺术的大理论家

可以说，单从字面上看，万有引力定律就绝对不会被一个自然视野狭窄、鼠目寸光或视角固定的人所发现。获得它的定量数学形式的人恐怕不但要精通数学和物理，而且还可能需要具有哲学思辩的头脑，更需要熟悉艺术表现的手法。

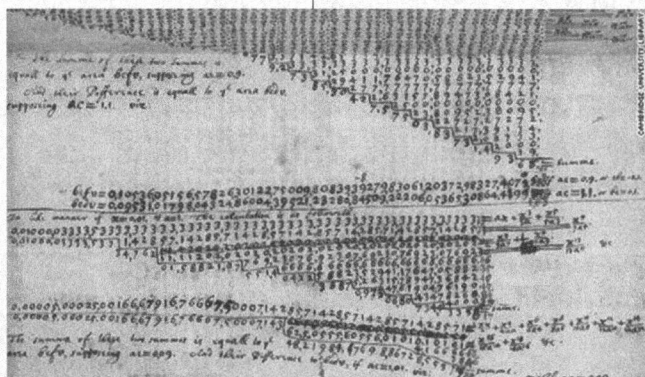

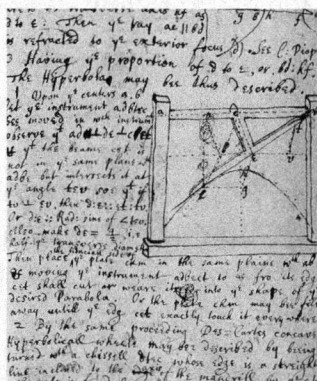

剑桥大学在网上展出的两件牛顿手稿——他所处时代所使用的英语与现在的截然不同，但数学几乎与现在一模一样

通过论证开普勒行星运动定律与他的引力理论间的一致性，牛顿展示了地面物体与天体的运动都遵循着相同的自

然定律，并为"日心说"提供了强有力的理论支持；在力学上，牛顿阐明了动量和角动量守恒的原理，提出了牛顿运动三定律……真正地推动了一场由经典力学统治的科学革命；在数学上，牛顿与莱布尼茨分享了发展出微积分学的荣誉。而他证明的广义二项式定理与提出的"牛顿法"，可趋近函数的零点，为幂级数的研究做出了贡献。

古往今来，每当天才迸发灵感的火花时，往往被人们形容得非同一般。信不信由你，在传说中，牛顿是这样领悟到万有引力概念的：

英国伍尔索普村，怡人的秋夜。牛顿坐在苹果树下，时而望着月亮，时而沉思。忽然，一个苹果掉落到地上——所有的东西一旦失去支撑必然会坠落，那么月球呢？它也没有支撑，它为何并不坠落呢？刹那间，牛顿"看见"了答案……月球要么一直向前行，消失在无限远处；要么就会落向地球。牛顿进一步推论，月球确实会下坠，然而由于它的"切向速度"非常快，快到它足以一方面向地心下坠，另一方面又恰好保持与地球一定的距离轨道而绕其运行。如果上述的推论成立，那么，地球和其他行星绕着太阳的旋转便是自然之事了。

牛顿继承欧几里得等以绘图方式进行研究的方法：它显示了在一个椭圆形的轨道上引力所产生的影响

牛顿的苹果在科学史上声名赫赫——在有些画家笔下，苹果从树上落下，正砸在牛顿的脑袋上；有些画家描绘出牛顿注视着落地苹果的场景。不管实情如何，牛顿如何"看"苹果并不重要，而把苹果和月球联想在一起，找出其物理关系和数学表达，这才是最关键的——这种联想只有真正的精于"研究艺术"的人才能做到。牛顿凝视苹果、进行思考，最终发现了天上和地下的"力"原来是同一种，宇宙万物遵循同样联系的规律——这是人类完成的关于自然力的第一次统一。

1687年牛顿的巨作《自然哲学的数学原理》出版，他凭借此书开辟了大科学时代。在2005年，英国皇家学会进行了一场名为"谁是科学史上最有影响力的人"的民意调查，艾

于1687年7月首次出版的《自然哲学的数学原理》的影印件

萨克·牛顿被认为比阿尔伯特·爱因斯坦更具影响力。人们对牛顿的毛发进行基因分析后认为，牛顿是艾斯伯格综合征患者，有XQ28基因的表现，这更增添了牛顿的神秘感，但并未影响到他巨人的形象。人们常说，标新立异只属于艺术家，这实在是过时的观念。哪怕就是基因的变异，只要有利于个人的发展和对世界认识的突破，都有可能是人类社会宝贵的财富。

在万有引力定律和经典力学体系三大定律发表之后的150年里，陆续有利用其的重大发现：地球在南北两极比较扁平，预测出哈雷彗星重返的日期和存在另一颗太阳系的行星天王星。直到今天，人造地球卫星、火箭、宇宙飞船的发射升空和运行轨道计算等，都仍以这些定律作为理论根据。

珍惜孤独所产生之美的画家

年轻时期的牛顿——英俊、有才且具有波浪长发的艺术家范儿

在爱因斯坦的描述中，牛顿的科学创造就像处于爆发期的艺术家一样，超水平的作品层出不穷、高潮迭起，并逐步形成了一场统一科学的革命。与后来的爱因斯坦一样，牛顿是一名真正的艺术家，一名技法娴熟的画家，而且是先于后来与他齐名的爱因斯坦（也是一名真正意义上的科学艺术家），他无形中给爱因斯坦等树立起一个什么叫"科学的艺术家"的参照系。

以醉心于简洁、优雅和数学的美为事业理想的牛顿，心甘情愿地独自工作，并且珍惜这些孤独所产生的美。在从事某个研究项目时，牛顿曾经把自己与世隔绝了数月之久。就像伏尔泰在牛顿去世时所说的："在其漫长的一生中，没有激情，也没有软弱，他从来不近女色。"——在这点上，牛顿倒与爱因斯坦大相径庭。牛顿甚至设计了一套计划来维持他的独身生活，他写道："保持贞洁的方法，不是去和不洁的想法做斗争，而是要用某种职业，或阅读，或冥想，或者其他方式来躲开这些想法。"——可以说，这套计划本身就体现了他的理论研究艺术。

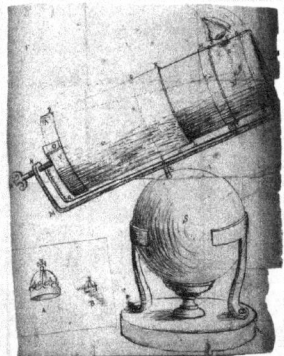

牛顿自己画的反射式望远镜素描画——精确而艺术，后来的望远镜实体就是按照此图样制作的

牛顿同时也是微积分学的创始人之一，是数学天才。数学是科学还是艺术一直以来都存在着一定的争议。例如，数

学中有直觉主义学派，而绘画艺术中有时又运用数学。它们相互联系并时而贯通，数学好像是智慧和想象力的接口。1665年，牛顿所就职的剑桥大学由于当时鼠疫横行而停课。这期间他留在乡下的家中，发展了他的微积分，并将引力理论数学化。而瘟疫造成的另一个损失是斯特布里奇集市的关闭。在传染病迫使它关闭之前，牛顿有一次曾去那里参观。他写道，正是在那里，"我买了一个三角棱镜来做著名的光色现象实验"。

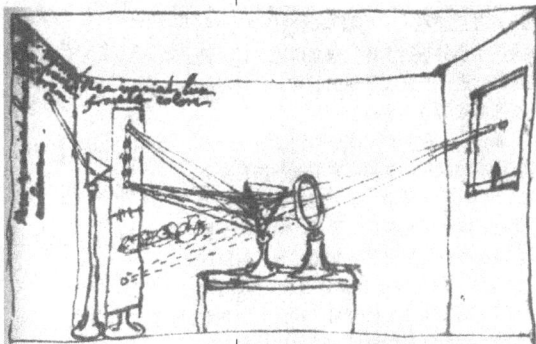

既是实验原理示意图，也是光学写生艺术图——牛顿为自己的"关键实验"所绘的示意图表明：阳光经过一个棱镜后被折射，又经过另一个棱镜后被折射，而颜色没有发生变化

牛顿开辟的画家式的研究方法恐怕要追寻至他的少年时期。牛顿在12岁时进入英国格兰瑟姆的学校学习，当时寄住在一个叫克拉克的药剂师家中。在此期间，牛顿的绘画技艺日益精湛——克拉克先生的屋子里充斥着牛顿绘画的热情。据后来住进这间阁楼的人证实，墙上满是用炭笔画的鸟兽、人物、船只和植物，还有他作的诗。他还画了被砍头的查理一世（查理一世死时，牛顿还不到7岁）、诗人兼牧师约翰·多恩和校长亨利·斯托克斯的肖像。墙上还有几个圆和三角形——它们比画的所有肖像、鸟、船更能展现我们所知道的牛顿。

一般来说，敏感、任性似乎是一个艺术家的特性，但这些特性也出现在了牛顿身上。尽管爱沉思、不愿被打扰，但牛顿经常不自觉地卷入与他人的争论中，比如与德国数学家莱布尼茨为微积分的发明权而打的口水仗，但这些并没有怎么削弱牛顿的光辉。

在诸多方面都取得显著成就的牛顿的画像

牛顿逝世后，与很多杰出的英国人一样被埋葬在了英国的威斯敏斯特教堂。诗人亚历山大·蒲柏为牛顿写下了以下这段墓志铭：自然与自然的定律，都隐藏在黑暗之中；上帝说："让牛顿来吧！"于是，一切变为光明。

位于教堂正面大厅中央的牛顿墓地上方耸立着一尊牛顿的雕像，他倚坐在一堆书籍上，双手没有合十。身边有两位天使，还有一个巨大的地球造型以纪念他在科学上的功绩。

牛顿雕像——像战士一样的学者

不管牛顿的生平有多少谜团和争议，都不足以削弱牛顿的影响力。1726年，伏尔泰曾说过牛顿是最伟大的人，因为"他用真理的力量统治我们的头脑，而不是用武力奴役我们"。

爱因斯坦曾说过："至今为止，还没有诞生过一个像牛顿体系那样包罗万象的科学理论图景。牛顿的广阔思想比其具体的科学理论更加宏大——它们是哲学意义上的诗篇，是交响乐中的数学主题，是世界本源的艺术研究方式。它们只有由集实验家、理论家和艺术家于一身的人才能构建。"

历史上与苹果有关联的名人还有画家塞尚和实业家乔布斯。然而，要论整体和根本上改变世界的"苹果"，非牛顿莫属：这是两枚画有"牛顿苹果"的纪念邮票——设计考究，有关数学和天体的图形分别镶嵌其中

勾画生物进化图景的"艺术大师"
达尔文

科学肖像解析

查尔斯·达尔文（1809—1882），伟大的英国生物学家、博物学家，生物进化理论的奠基人。物竞天择、适者生存、优胜劣汰等进化论中言简意赅的结论性观点已被无数事实和实验所证明，而我们今天所理解的生物进化论则是达尔文"自然选择"与孟德尔"遗传定律"的深度融合。

达尔文错落的雪白胡须如同大树的枝枝杈杈，明显绘制于其中的，是他于1837年7月在第一本"物种起源"笔记本中勾画出的第一幅著名的"动物进化分叉树"图——这是他在环球航行中观察到众多事实及缜密思考后的形象表达。画面右侧呈现出的树杈和月光下小池塘的景色，则表现了他个人书信中曾经的猜想，生命起源于"富含氨和磷的有机盐、光、热、电等相关物质的小池塘中"——最新的研究成果也认为，地球生命可能起源于淡水池塘，而不是学术界普遍认为的深海热源附近，因为淡水比咸水更有可能孕育生命。

在人类自然科学发展的历史上，只有寥寥几位可以被称为柏拉图式的"鸟瞰世界"者，以及被杨振宁视为科学领域的"远距离看画"者，他们是为人类成体系地呈现学科的人物，譬如，哥白尼在天文学领域，牛顿在经典力学领域，麦克斯韦在电磁学领域，拉瓦锡在化学体系领域，巴斯德在微生物学领域和爱因斯坦在质能时空领域等。达尔文可以名正言顺地算作在生物学领域中一个利用全球各地生物学资源和线索拼接出整条生物学前行路线的人。

从另一个角度看，我们也可以说，达尔文是一个以经典英国绅士的作风勾画出生物进化框架图景的生物学界的顶级"艺术大师"。而这一切成就的取得都是建立在他广泛而大量观察自然生物现象、突破神学的禁锢和束缚、继承前人的进化思想以及继承家族传统，把画家、诗人的技能和生物学家的角色完美地结合在一起的基础之上。

年轻不羁的环球采风人

达尔文的祖父伊拉司马斯·达尔文是一个能让诗歌与科学论文合二为一的人。他在当时也是一个非常著名的生物学和生理学家，达尔文的进化论从祖父的生物进化思想中吸收了丰富的营养。与那些把艺术生活和科学生涯截然分开的科学家不同的是，达尔文的祖父把诗人的天赋才情和科学家的严谨审慎完美地结合在了一起，他的所有关于生物学和生理学的作品都是用叙事诗的形式写作的。

达尔文的祖父知识渊博，他曾在剑桥的圣约翰学院攻读过古典文学、数学和医学，对诗歌情有独钟。他在爱丁堡大学学完了医学教育课程后，就在诺丁汉开业行医，并且充当了生物进化思想先行者的角色。达尔文的父亲虽然子承父业，并且取得了相当大的成功，却没有发扬光大其父的进化思想，愤怒之下的他还说过小达尔文只知道射鸟、养狗和捕鼠，其余什么都不懂。不过，反倒是达尔文使祖父生物进化的观点大放异彩——这不能不说有点"隔代遗传"的意思。

据达尔文自己回忆，他环球5年的科学考察基于他坚持不懈的努力。他说服了他的导师，推荐他以博物学家的身份随海

从小喜爱生命和植物的达尔文抱着花盆——天真无邪与强烈的求知欲共在

具有艺术家外貌的青年达尔文肖像画——一副胸有成竹、目标明确的样子

军"小猎犬"号科学考察船做环球旅行。起初，他的父亲反对他旅行，认为这会影响他的学习。幸运的是，他的父亲最后终于被说服了。事实证明，这次环球旅行是西方科学史上最有价值的一次旅行。

载着青年达尔文完成环球考察任务的"小猎犬"号科学考察船

1831年，正当达尔文22岁时，他随"小猎犬"号启程，先到达南美海岸，继而驶向加拉帕戈斯群岛，绕过太平洋诸岛，抵达印度洋及南太平洋。在此次漫长的旅途中，达尔文目睹了许多美丽的自然景观，访问了若干原始部落，发现了大量动植物化石，考察了种类繁多的动植物的生长及生活情况。更为重要的是，他对所观察到的事物都做了详细的记录，这为他以后的研究奠定了基础。可以说，这是这个具有艺术气质的年轻人完成的一次环球科学采风，他带回的"科学写生"素材使其后来创作出了《物种起源》的鸿篇巨制。

在晚年完成的《达尔文回忆录》的最后，达尔文这样写道："根据我所能做出的判断，作为一个科学家，我的成功，不管它有多大，是取决于种种复杂的思想品质和条件的。其中最为重要的是：热爱科学；在长期思考任何问题方面，有无限的耐心；在观察和收集事实资料方面，勤奋努力；还有相当好的创造发明本领和合理的想法……"

让我们来看一例达尔文取得的经典成就，其说明了科学和绘画都需要仔细观察：这就是加拉帕戈斯群岛上的"达尔文雀"——达尔文亲自绘制了生活于此的地雀画像并以自己的名字命名。右图中画的是雀科鸣鸟13个种类中的4种：大喙地雀、中喙地雀、大型食虫树雀、刺喙莺。这些不同种类的雀科鸣鸟所蕴含的进化意义给达尔文留下了如此深刻的印象，以至他在自己《环球考察日记》的第二版中加上了这张插图。他发现这些雀科鸟类均由同一种鸟进化而来，而这种鸟是由大陆迁徙到这些岛屿上来的——这是环球科考采风带来的"杰作"。

"达尔文雀"是进化理论中最著名的例证之一（素描图由达尔文亲笔绘制）

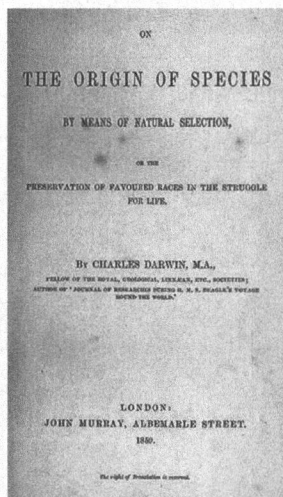

1859年发表的科学巨著《物种起源》——它完成了生物学宏伟图画的绘制

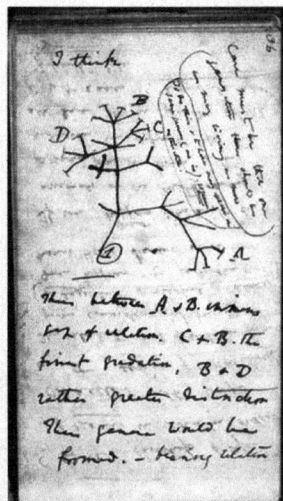

物种进化理论的著名手稿

上述人生的经历起航于早年的环球旅行。"种种复杂的思想品质和条件"中包含着对艺术的爱好与修养，以及将其糅入科学的情怀，再加上家族精神特质的"隔代遗传"。

生物学宏伟图画的绘制

达尔文主义的核心思想之一就是认为地球上的所有物种都是由其他物种逐步演变而来的，而不是如神学所宣扬的那样由上帝一个一个孤立地创造出来——这对描绘宇宙演变图景的天文学家也应该有所启发。

这些思想都源自有着数千张之多的《"小猎犬"号之旅》的研究手稿，它是达尔文以博物学家的身份随"小猎犬"号进行环球旅行记录下的所见所闻和收集的资料，如果将这些素材看作一位画家旅行写生的速写或素描，那么最终根据这些"写生"创作的《物种起源》就是一幅壮丽辽阔的生物学名画巨作。达尔文于1831年登上"小猎犬"号，曾到访厄瓜多尔沿岸附近的群岛，发现了很多新物种，这激发起他对万千生物起源的思考。在那艘船上达尔文经过大量观察、推论，形成了他日后的生物进化论。

在达尔文1837年绘制的第一幅著名的"动物进化分叉树"图22年后，他又利用巨著《物种起源》中唯一的一幅插图使这个"分叉树"规范了许多。100多年后，经几代动物学家的努力，学术界产生了广泛认同的现生动物进化树轮廓。后来通过对寒武纪生命大爆发最佳科学窗口澄江化石库长达20年的研究，人们已经可以看到现生动物进化树在近"源头"处的全貌轮廓了。

就是上面所说的如同速写般的、寥寥数笔的进化图，倾注了达尔文在学生时代对绘画的热爱，体现了他后来为了表现生物学理论而对兼有科学性与艺术性的绘图的坚持，最终展现出了经过无数事实观察与进而拼图构思后创作的生物学宏大图画。

达尔文的绘画基础奠定于剑桥大学神学学习期间，因对令人厌恶的课程不满而感觉会白白浪费时间，他先后对许多艺术形式发生过浓厚的兴趣，这其中就包括绘画，在他自己的回忆录中我们知道了以下故事。

达尔文有一位交情很深的同学怀特雷，引导过达尔文对绘画（包括精美的版画）的欣赏。当对绘画艺术的兴趣明显增加的时候，达尔文甚至花钱去购买了一些画作，他时常到费支威廉画廊与其老年管理员评论这些画。

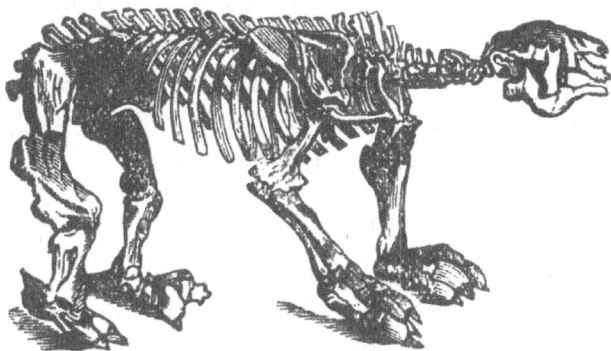

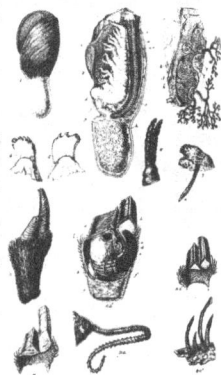

达尔文关于重新组合的陆地巨树懒骨骼草图（左）和大量藤壶解剖图的一部分素描图（右）

当时达尔文还津津有味地阅读过雷诺兹爵士关于绘画艺术的专著。这种兴趣持续了好几年，在后来的生物学研究插图的绘制中发挥了相当大的作用——这一点很像他的好友、开创地质学渐变理论的伟大学者莱尔，他俩的素描水平都堪比专业画家。

除此以外，达尔文还参观了伦敦国立美术馆开设的很多画展，并从中感到了无穷乐趣；艺术具有感召力，比如塞巴斯蒂亚诺·德尔·皮奥姆博等的名画就激发了达尔文在构图时的一种庄严宏伟的意识——这对后来达尔文恢宏理论图景的勾画，无论是在神圣的庄严性方面，还是在构架的宏大性方面，都起到了不可估量的作用。

可喜的是，达尔文的孩子们也继承了他们父亲的特点，绘画与研究相结合。下面的一幅画至少有3个孩子参与了创作——后来，他们分别成为了植物学家、

达尔文的绘图室兼会客室——墙壁上挂满了大大小小、各色各样的图画，右边还有一架大的三角钢琴

达尔文的多个孩子参与的现实和想象世界相结合的创作——它是达尔文及其夫人基因遗传以及潜移默化的艺术教育等综合因素共同作用的结果

天文学家和数学家以及工程师。这些画颜色鲜艳，充满活力，包括了铅笔画、墨水画，还有水彩画，描绘了现实和想象中的世界，而对细节的关注更是极像他们的父亲。

从这些画中还能看出，达尔文并不是一位苦闷而孤独的伟大科学家，他对科学充满了好奇心和激情，并希望把自己的研究成果传播给大众与后人。实际上，他经常让孩子们参与他的研究，他的一位朋友就说过："孩子们都是他的志愿者，帮他抓蝴蝶、昆虫，还有蛾子，观察田里的植物。"

1842年，达尔文完成了《物种起源》的初稿。此后几年，他全身心地投入该书全书的写作中。然而在1858年，正当他忙于补充与修改这部巨著时，却收到了英国植物学家华莱士（一位英国博物学家，当时在东印度群岛游历）寄来的关于他自己的进化论学说的论文初稿。在每一个主要观点上，华莱士竟与达尔文完全一致。华莱士已经完全独立地完成了他自己的理论，他原先只是想在论文发表以前，听取达尔文这样一位真正的科学家的意见和评价。结果这造成了一种尴尬的局面，因为这很容易演变成一场争夺优先权的不愉快的战争。最后解决的办法是将华莱士的论文和达尔文著作的大纲合成一篇合作论文，在一个月后提交给了一个科学团体对外宣布。

但是奇怪的是，这篇论文并未引起人们的注意，倒是几年后出版的达尔文的《物种起源》引起了轰动。事实上，有史以来没有任何一本书能够有这本书那样大的发行量，并被社会各界人士所广泛讨论。达尔文的其他论著出版后的情况也多是如此，因为它们都触动了作为高贵而神圣的人类的"特有神经"，还有就是达尔文那具有艺术家气质般的、宏大的和一般人无法企及的联想能力。

诗歌与音乐带来的进化畅想

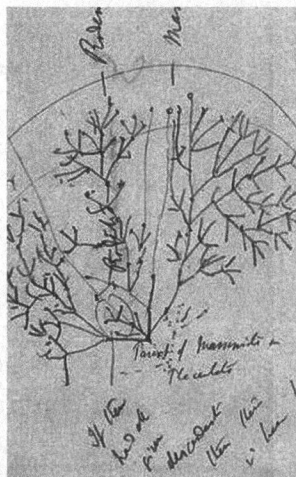

达尔文1850年第一版的灵长类进化分叉树草图——犹如有节律的诗歌与音符

同样是因为在剑桥大学学习期间，神学等课程让达尔文觉得不值得去花时间——他似乎是一个天生的反叛者,反对神创这点在他后来的生物进化理论中体现了出来——而这一时期优美且律动的音乐和诗歌深深地打动了他。

正如达尔文自己回忆的,在过去二三十年内,他的兴趣爱好发生了变化。少年时期甚至一直到30岁,或在超过30岁的时候,他曾经对很多种类的诗歌产生很浓厚的兴趣;其中,有弥尔顿、格雷、拜伦、华兹华斯、柯勒律治和雪莱的诗篇(对于雪莱和拜伦等英国诗人,同时代的瑞典化学家诺贝尔也崇拜得五体投地);甚至是在中学时代,达尔文对莎士比亚的作品,尤其是莎翁的历史剧,就已经非常着迷,他常常连续几小时地阅读它们……他还读汤姆逊的《四季》,以及司各特当时刚发表的诗篇等。

达尔文对与诗歌有联系的音乐也非常热爱。他参加过一个音乐发烧友的小团体,这是通过热心的朋友赫伯特的介绍而参加的——这位朋友也是数学专业的一等毕业生,所以说抽象的科学与艺术是可以兼收并蓄的。由于同这个音乐团体的青年互相结识,聆听他们的演奏,达尔文也就对音乐开始产生了兴趣,因而时常在上课日抽出时间,步行到英国皇家学院的教堂去倾听圣歌。

与那些枯燥无味而又使人木然的神学课程相比,倾听乐曲使达尔文感到异常高兴,据他自己说,他有时甚至激动得连背脊都会发抖。

因为健康的原因,晚年的达尔文每天只能集中4小时的精力用来研究,在这样的情况下,阅读浪漫的小说就成了他重要的调剂。至于达尔文怎样从音乐中得到乐趣的问题,对他来讲直到老年都仍然是一个谜。但不管怎样,多种艺术爱好既丰富了他青年时期的生活,又陶冶了他的情操,使得他后来的科学研究不至于钻牛角尖,在年老时还得到了欢乐,使其在一生中最好的时光战胜了疾病的侵扰,取得了像伟大音乐史诗一样令人震撼的伟大科学成就——提出生物进化论。

一幅众多生物围绕、簇拥着达尔文并与之"和谐相处、做好朋友"的漫画

直到年老时,对音乐的爱好仍旧保持着——达尔文听着夫人艾玛的琴声安度晚年……

从达尔文的工作台可以看出他工作时用的手工工具（动手能力强也是他成功不可或缺的组成部分）

这里值得一提的是，达尔文的学说并没有依据首先由孟德尔提出的遗传学理论或任何一点遗传学方面的知识。因为在达尔文所处的时代，没有人知道任何关于动植物的某些特征代代相传的原理。这也告诉了我们科学理论的假设性——"条条大路通罗马"，一种理论是否科学，不仅要看其所依据的原理是否正确，而且它还得需要经得住实际的检验。

虽然孟德尔研究遗传学理论的工作与达尔文写作和出版他那些具有划时代意义的著作是在同一时期进行的，其理论也完美地补充了达尔文的理论，但是直到1900年它才引起人们的注意。那时，达尔文已绘制出了完整的理论蓝图。而我们现在所理解的生物进化论是融合了达尔文的自然选择学说和孟德尔的遗传学理论的，它比单由达尔文提出的进化理论完善得多，但这丝毫不损害达尔文作为勾画生物进化图景大师的伟大形象。

生物进化理论确实是犹如很多幅有血有肉的生物"名画"串联起来的进化艺术长廊，又如同一首生物进化的史诗巨作，还像众生参与的生物界恢宏交响曲，显示了达尔文将科学与艺术相融合的强大综合、归纳及演绎之实力。后来他又创作了《人类的由来及性选择》《人类和动物的表情》等生物学、心理学名著，帮助人们认识到人类由类人猿进化而来，而我们的动作和表情等原来也都是由类人猿的动作和表情进化而来的。

晚年的达尔文这样评价自己："具有比一般水平的人更高的本领，能够看出那些容易被人忽略的事物，并且对它们做细致的观察。我在观察和收集事实方面，勤奋努力，真是无以复加的了。"这里我有一个观点，就是在科学观察方面达尔文无与伦比，而他绘画的精准也需要建立在观察的基础上，这种科学与艺术手段结合的机制和功效往往能使他揭示众多生物学的重大秘密。

一眼便可认出的达尔文塑像

利用数学形式研究遗传的"园艺家"
孟德尔

科学肖像解析

孟德尔（1822—1884），奥地利西里西亚（现属捷克）人，伟大的生物遗传学家，现代遗传学的奠基人，被世人誉为"现代遗传学之父"。他通过豌豆实验，发现了生物遗传规律、分离规律及自由组合规律，并以超前的数学形式对此进行了表述。

神父的职务让孟德尔静心而专注。他全神贯注于豌豆实验（科学肖像以注视悬挂的豌豆串表情为线索），发现遗传、分离及自由组合这几项遗传学规律的人物形象威严而冷峻；其科学肖像中，诸多排代表其成就的"勋章"挂满胸前——谨以此纪念孟德尔对人类遗传学开天辟地的贡献。

"种瓜得瓜，种豆得豆"这个从人类文明开始时可能就为人熟知的生物现象，其秘密直到19世纪下半叶才被一名叫作孟德尔的神父发现。

从1856年开始，孟德尔进行了长达8年的豌豆实验。他首先从许多种子商那里弄来34个品种的豌豆，从中挑选出22个品种用于实验。它们都具有某种可以相互区分的稳定性状，例如高茎或矮茎、圆粒或皱粒、灰色种皮或白色种皮等。孟德尔通过人工培植这些豌豆，对不同代的豌豆的性状和数目进行细致入微的观察、计数和分析，从而得到遗传及在其基础上的变异规律。他酷爱自己的研究工作，经常指着豌豆十分自豪地向前来参观的客人说："这些都是我的儿女！"达尔文丝毫不知道这些遗传和变异的具体机理，但他从"自然选择"出发创立了生物进化论，而孟德尔却从数学规律上弥补了其理论的不足。

与作为神职人员并创立"日心说"的哥白尼的经历略同，孟德尔在做神父期间发现了生物学上的遗传规律，并创立了人类的现代遗传学说。他与哥白尼颇为相似的另一点是，他们都是业余画家，分别擅长创作版画和壁画。有所不同的是，孟德尔还是个有品味的园艺家，这位伟大的生物遗传学家正是从作为园艺家的实践中诞生的。

祖传园艺家的"遗传"和发扬光大

1822年7月20日，孟德尔出生在奥地利西里西亚（现属捷克）海因策道夫村的一个贫寒的农民家庭，父亲和母亲都是园艺家（外祖父是园艺工人）。因此，他童年时便受到园艺学和农学知识的熏陶，对植物的生长和开花非常感兴趣。1840年他考入奥尔米茨大学哲学院，主攻古典哲学，同时学习数学。学校需要教师，当地的教会见孟德尔勤奋好学，就派他到维也纳大学去念书深造。

毕业以后，21岁的孟德尔在当地教会办的一所中学教书，所教的课程是自然科学。他由于专心备课，认真教课，所以很受学生的欢迎。后来，他又到维也纳大学继续深造，受到相当系统和严格的科学教育与训练，也受到一些杰出科

学家的影响，如为物
理学家多普勒当演示
助手，在数学家和物
理学家依汀豪生处工
作和学习；又如受到
恩格尔的影响，恩格
尔对细胞理论的发展
做出了重要贡献，但
是由于否定植物物种
的稳定性而受到教士
们的攻击。这些为孟
德尔后来形成自己的
科学实践风格打下了坚实的基础。

孟德尔常在花房做豌豆实验，这是描绘他观察研究植物遗传特性的两幅画作——在这方面，情况倒和画家观察写生的过程有点类似

　　经过长期思索，孟德尔认识到理解那些使遗传性状代代恒定的机制更为重要。最后，他将家族的园艺技术、生物学和数学与物理糅合在一起，经过8个寒暑的辛勤劳作，发现了生物遗传的基本规律，并得出了相应的数学关系式。人们称他的发现为"孟德尔第一定律"（即孟德尔遗传分离规律）和"孟德尔第二定律"（即基因自由组合规律），它们揭示了生物遗传奥秘的基本规律。他能用数学形式表述遗传学定律，是他广泛学习数学、物理等最基础科学的结果。

孟德尔手拿豌豆花，思考和放眼未来（版画肖像）

　　孟德尔着重根据实验数据进行深入的理论证明，同时不忘利用有关的学术会议将其传授给同行们。可是，伟大的生物遗传思想、实验和数学表达形式太超前了。尽管与会者绝大多数是布鲁恩自然科学协会的会员，其中既有化学家、地质学家和生物学家，也有生物学专业的植物学家、藻类学家，然而，听众对连篇累牍的数字和繁复枯燥的论证毫无兴趣。他们实在跟不上孟德尔的思维。孟德尔用心血浇灌的豌豆实验所告诉他的秘密，不能被当时的人们所认同，一直被埋没达35年之久。

兴趣广泛、长于作画的修道士

　　随着20世纪的分子生物学家们成功地发现了遗传物质

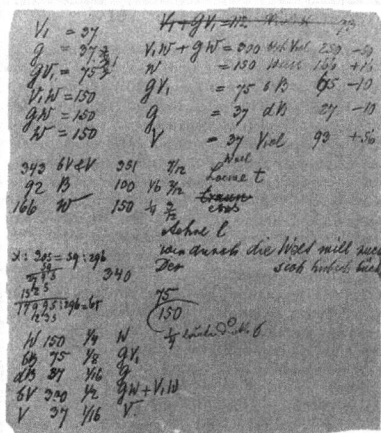

这份孟德尔的笔记记录着不同种类的豌豆杂交的情况——后来有一位基因学家把它称为"能与画家的素描相媲美的、伟大思想的草图"

孟德尔的绘画作品

DNA的结构和破译了遗传密码等（沃森、克里克和伽莫夫等人的贡献），世人对遗传机制有了更深刻的认识。生物科学已经开始向控制遗传、防治遗传疾病、合成生命等更大的、造福于人类的工作方向前进。所有这一切都与圣·托马斯修道院那个献身于生物遗传学的修道士的名字紧密相联系。

但人们有所不知的是，孟德尔在公务繁忙、业余实验的同时，还是一位兴趣广泛且会作画的人。比如在修复圣·托马斯修道院时，他亲自在天花板上创作了一幅壁画，画中的主要人物是农业的保护神——圣伊西多尔——这仿佛就是他自己的"精神自画像"。从画的内容看，孟德尔对农林牧业有着无限的热忱和期盼；从画的技巧看，他也具有相当深的造型艺术功底。

除了进行植物杂交实验和研究之外，孟德尔还从事过植物嫁接和养蜂等方面的研究，甚至还进行了长期的气象观测。他生前是维也纳动植物学会会员，也是布鲁恩自然科学协会和奥地利气象学会的创始人之一。作为维也纳天文协会的一员，他被认为是当时布隆最伟大、最权威的一位气象专家。位于修道院苗圃里的孟德尔蜂房，当时被认为是中欧第一个蜜蜂研究中心。由于在蜜蜂杂交实验上取得了成功，他俨然已成为一名知名的养蜂专家，并入选奥地利养蜂协会的荣誉成员（1871年当选为副主席）。可见，科学伟人的出世建立在博学多才、才艺双全的基础之上——他们就像高大、漂亮且雄伟的金字塔，地基深厚、底面博大，因而才能高耸入云。

身为神父却成为"现代遗传学之父"

1843年大学毕业以后，年方21岁的孟德尔进了布隆城奥古斯汀修道院。他在那里开始进行豌豆实验时，达尔文的进化论才刚刚问世。孟德尔仔细地研读达尔文的著作，从中吸收丰富的生物进化思想营养。保存至今的他的遗物中，就有好几本达尔文的著作，上面还有孟德尔的手批，足见他对达尔文及其著作的关注。

　　起初，孟德尔的豌豆实验并不是有意为探索遗传规律而进行的。他的初衷是希望获得优良品种，为农业造福，只是在实验的过程中，他才逐步意识到更重要的东西，并把重点转向对遗传规律的探索。除了豌豆以外，孟德尔还对其他植物做了大量的类似研究，其中包括玉米、紫罗兰和紫茉莉等，以期证明他发现的遗传规律对大多数植物也都是适用的——这是作为一名优秀的研究者和探索者所应该具备的品性——无论他是专业的还是业余的。

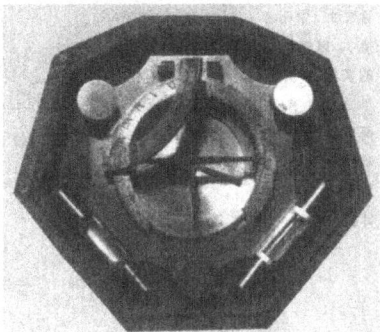

孟德尔用来进行天文观测的指南针

　　从生物的整体形式和行为中很难观察并发现遗传规律，而从个别性状中却容易观察，这也是令科学界长期困惑的问题。孟德尔不仅考察生物的整体，而且着眼于生物的个别性状，这是他与前辈生物学家的重要区别之一。孟德尔选择的实验材料也是非常科学的。因为豌豆属于具有稳定品种的自花授粉植物，容易栽种，容易逐一分离计数，这给他发现遗传规律提供了有利的条件。

　　孟德尔清楚自己的发现所具有的划时代意义，但他还是慎重地重复实验了多年，以期更加臻于完善——在这点上，他似乎是同处修道院前辈哥白尼的翻版，只不过一个是研究天文学，而另一个则是研究生物遗传学。1865年，孟德尔在布鲁恩自然科学协会的会议厅，将自己的研究成果分两次宣读。第一次，与会者礼貌而兴致勃勃地听完了报告，孟德尔只简单地介绍了实验的目的、方法和过程，为时一小时的报告就使听众如坠云雾之中。

　　豌豆的杂交实验从1856年持续至1864年。孟德尔将其研究的结果整理成论文《植物杂交实验》发表，但未能引起当时学术界的重视。他的论文表达方式是全新的——把生物学和统计学、数学结合了起来，使得同时代的博物学家们很难理解论文中所蕴含的真理。但晚年的孟德尔曾经充满信心地对他的好友，布鲁恩高等技术学院的大地测量学教授尼耶塞尔说："看吧，我的时代会来到的。"这句话成了伟大的预言。孟

孟德尔工作过的修道院为其修建的纪念塑像

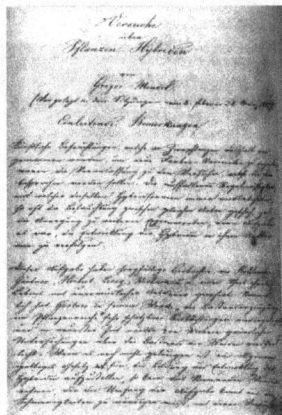

孟德尔具有革命性的论文《植物杂交实验》手稿第一页——1866年发表于布隆《自然科学会学报》，书法漂亮且具有运动感

德尔逝世16年以后，即他的豌豆实验论文正式发表34年后、最初开始豌豆实验后的第44年，此预言才变成现实——无独有偶，这多少和哥白尼"日心说"被广泛得到承认滞后的情况有些相似。

直到20世纪开始雄鸡的第一声啼鸣，来自3个国家的3位学者才同时独立地"重新发现"孟德尔遗传定律。1900年成为遗传学史乃至生物科学史上划时代的一年。从此，遗传学开启了孟德尔时代——一位神父变成了"现代遗传学之父"。

1868年，孟德尔当选为圣·托马斯修道院院长，从此他把精力逐渐转移到修道院的日常工作上，不得不放弃了科学研究。他是奥地利唯一拒绝接受政府关于"财产税"法案的修道院院长，直到去世时他都坚持着这一立场，因此他也以"固执的主教"而闻名。作为院长的孟德尔设计了其官方徽章，在徽章的左下角是他选作个人标志的紫花；而在右下角，希腊字母表中的字母的大写形式Λ（拉姆达）和Ω（欧米伽），象征着他作为基督徒对上帝的信仰——而这两个希腊字母现在在宇宙学上也被爱因斯坦等宇宙学家派上了"宇宙学常数和密度"的大用场。

纪念孟德尔的浮雕——诞辰100周年纪念浮雕（左）和实验坐像纪念章（右）

本来为上帝传教的神父却意外地成为了"现代遗传学之父"，尽管孟德尔最后还是一个忠实的教徒，但他永远以"遗传学之父"的身份载入了人类史册。

　　1884年1月6日，孟德尔病逝，被安葬于圣·托马斯修道院的墓地中。当地的报纸赞颂他说："他的死使穷人们失去了一位恩人，使大众失去了一位拥有贵族气质的人。他是一位热心的朋友，一位自然科学的创始人，也是一位足以称为楷模的牧师。"今天，世界各地以各种形式来纪念这位现代遗传学的开创者，如坐落在今日捷克布尔诺市的一所大学于1994年更名为"孟德尔大学"。

作为院长的孟德尔设计了修道院的徽章——足见他的艺术设计才华

一枚孟德尔纪念邮票——反映的都是他的形象以及他提出的生物遗传定律

创立疾病微生物理论的"伟大画家"
巴斯德

科学肖像解析

路易·巴斯德（1822—1895），伟大的法国微生物学家、化学家。他研究了微生物的类型、习性、营养、繁殖、作用等，把微生物研究的热点从主要研究微生物的形态转移到研究微生物的生理上来，从而奠定了工业微生物学和医学微生物学的基础，并开创了微生物生理学。他也是医学史上首屈一指的重要人物。巴斯德对科学做出了许多贡献，其中，以倡导疾病细菌学说、发明预防接种方法最为闻名。

微生物学上的很多开创性思想与方法都来自巴斯德，因此科学肖像中将其创造的鹅颈烧瓶实验（一种有效的灭菌方法）——"巴氏灭菌法"的示意图作为人物背景，左下角手臂肘部他通过显微镜看到的细菌的部分图形，以及他签名上方双手拿着象征实验结果的试管等综合表达，体现了他伟大的科学思想和精神。

巴斯德一生进行了多项探索性的研究，并取得了重大成果，他是19世纪最有成就的科学家之一。他用一生的时间，证明了3个科学问题。第一，每一种发酵作用都是由一种微生物（细菌）引起的，他发现用加热的方法可以杀灭那些让啤酒变苦的恼人的微生物。很快，"巴氏灭菌法"便应用在各种食物和饮料上。第二，每一种传染病都是一种细菌在生物体内发展的结果——由于发现并根除了一种侵害蚕卵的细菌，巴斯德拯救了法国的丝绸工业。第三，传染病的细菌，在特殊的培养之下可以减轻毒性，使它们从病菌变成防病的疫苗，他还意识到许多疾病均由细菌引起，于是建立起了细菌理论。

　　被世人誉为"进入科学王国的最完美无缺的人"的巴斯德，不仅是个理论上的天才，也是个善于解决实际问题的人。人们对他有各种各样的美称："疾病微生物理论的先驱""细菌学之父"或"微生物学之父"等。但鲜为人知的是，他竟然还是一位在绘画艺术方面训练有素的画家，那幅连专业画家都知道的油画肖像《母亲》显示了他高超的画技，借此，他系统地"画"出了微生物影响人类进化发展及人们如何利用其实现文明进步的图景。

进入科学王国的最完美无缺的人

　　1822年12月27日，巴斯德出生于法国东部裘拉省的洛尔镇，镇中有一条清澈的溪流，他的家就在溪边的小路旁。父亲是拿破仑骑兵队的一名军人，退伍后当鞋革工人；母亲是个农家女。巴斯德有一个姐姐和两个妹妹。4岁那年，全家迁往阿尔布瓦。法国的中学通常是7年制，最后一学年分为哲学科和数学科。巴斯德在阿尔布瓦中学读了6年书，第七年转入布山松中学数学科。

　　中学时期，巴斯德在学校的表现很普通，有的老师给他的成绩只是刚刚及格——这使我们联想到牛顿、达尔文、爱因斯坦和爱迪生等，他们都是小时候不被看好，但日后取得人类顶尖成就的人物。青少年时期的巴斯德很爱提问题，凡事追根究底，甚至由此成为某些老师的"眼中钉"。但就是

青年时期的巴斯德——桌上放着书和文稿，若有所思

昔日的巴斯德研究所

巴斯德自己的绘画作品：《母亲》——其绘画技巧和手法堪比专业画家

巴斯德夫人像（19世纪法国名画家柯罗所作）——注意其左手背上好像是被种了"牛痘"

在这样不断的发问和学习过程中，巴斯德对化学、物理和艺术都产生了浓厚的兴趣。

从小在绘画上很有天赋的巴斯德，期望长大后能成为艺术家，由于父亲的反对才改学生物。对于他人生目标的改变，世人到底是庆幸呢，还是别的什么？庆幸是因为他创立了免疫学，发明了疫苗，为人类征服炭疽病、霍乱、狂犬病等做出了巨大的贡献；可是也会有人说，如果学艺术他或许会成为一名伟大的画家。不论如何，从现存巴斯德青少年时期的作品《母亲》中，我们看到了他的绘画天赋。

他的艺术气质也在其科学实践中得以体现，比如，人们都说巴斯德是"进入科学王国的最完美无缺的人"，这不但体现在他多方面创造性的科学业绩上，而且也反映在他拥有多种才能的完美人生和科学研究的"艺术性"上。1888年，为表彰他的杰出贡献，法国成立了巴斯德研究所，他亲自担任所长。

位于法国巴黎第十五区小街道的巴斯德研究所是一座具有19世纪建筑风格的三层楼房。当时一层的陈列室里摆放着各种各样的培养试管、玻璃瓶、天平、偏振计、高压消毒锅、显微镜等。研究所的主人巴斯德就是用这样简单的仪器干出了惊天动地的事，拯救了世上无数人的生命。而二层楼有两幅惟妙惟肖的油画，画上的人物分别是巴斯德的父亲和妻子——就是这两个人给了巴斯德平生最大的支持。

地下室里，一条长长的走廊通向巴斯德的墓地。地面的瓷砖都是用马赛克铺成的，它以艺术的形式总结了巴斯德一生的成就：上面呈现出葡萄、小麦、狗、桑蚕的图案，还有他使用过的仪器……墙上挂着研究所历任所长的人物肖像。虽然他们都为人类做出了重要贡献，但他们的画像下只有简单的一行字：姓名和出生年月。巴斯德严谨的治学理念、科学性和艺术性结合的实验设计、淡泊名利的高尚情操，以及他为追求真理而不顾个人安危的献身精神永远地留在人们心中。

用一组艺术品讲述"人类功臣"的故事

不知道是由于巴斯德对艺术感兴趣还是因为他适合艺术表现的故事很多，描绘其形象的绘画和艺术品特别多。有一些浮雕纪念章反映了他成为"人类功臣"的方方面面。

巴斯德70岁生日时，法国举行了盛大的庆祝会——巴黎索邦大学的大礼堂座无虚席，年老且行动不便的巴斯德由总统搀扶，从热烈的人群中走向了主席台，去接受人们的敬仰。大会送给他一枚金属纪念章，上面刻着："纪念巴斯德70岁生日——法兰西感谢你，人类感谢你。"

右侧上图中第二排纪念章（正面浮雕–左图），展现了中年巴斯德的侧面头像，上端是他的生卒年份，底部为他的名字。反面浮雕（右图）据说表现的是巴斯德夫人玛丽在实验室里工作的情景，连窗外的树木都依稀可见，显现出实验室所处的宁静和幽雅的环境——所以说，巴斯德具有完美的科学人生是很有道理的。这枚矩形纪念章是青铜材质的：高为73毫米，宽为52毫米；重达155克。

右侧下图一组圆形纪念章中，第一块左面是很少有的巴斯德年轻时戴眼镜、身着礼服的高浮雕正面像；右面（纪念章背面）写的是"疾病微生物理论的先驱"，中间是几个蒸馏器。第二块为乌拉圭发行的巴斯德纪念铜牌——科学家有自己的祖国，但因他们而生的科学知识却无国界。巴斯德的研究及其声望不但在他的祖国受到尊重，而且在世界各国同样名声显赫；纪念章正面是他表情严肃、棱角分明的中年高浮雕头像，周围一圈刻的是"光荣属于巴斯德"；背面写的是"南美微生物、保健和病理学第三届会议和医学教学会议"字样。而第三块纪念章是由美国纽约奖章艺术公司于1972年铸造的医学系列历史的一部分，以高浮雕艺术铜牌的形式表现了戴帽子和夹鼻眼镜的老年巴斯德用细菌学方法医治狂犬病的形象。这块直径为45毫米、又大又重的稀有纪念章很有纪念意义：它限量发行且有令人惊异的详细资料，是酿酒、养蚕、医务和微生物等工作者极好的纪念品和礼物。纪念章的正面巴斯德老人双眉紧锁、处于苦思冥想中并做深沉状，他的左面是蚕和桑、右面是一串葡

方圆各异的两种纪念章——描绘了巴斯德夫妇共同的科学探索和理想

表现巴斯德从青年到老年科学业绩的4枚纪念章

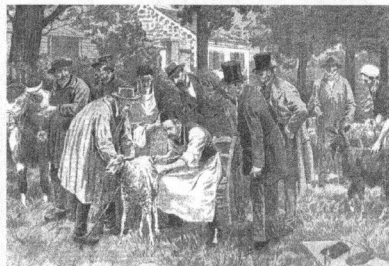

3幅作品展示的都是巴斯德挽救生命及为之做准备的画面

坐落在芝加哥湖畔的国际外科博物馆医学名人堂"不朽之间"中的巴斯德雕像（右排自左至右第三人）——巴斯德眼神坚毅，身边温驯大狗的眼中也充满了孺慕之情

萄，这个布局体现了巴斯德倾其一生所做的研究和取得的成果；背面则是一只疯狗在咬人，有"第一个接受预防狂犬病接种的人——1885年7月6日"的字样。第四块则为巴斯德研究所颁发的老年巴斯德纪念银章，它由一位著名的雕刻家为庆祝巴斯德70岁寿辰和在巴黎建立巴斯德研究所雕刻而成。正面是轮廓分明的巴斯德老年侧面头像和他名字的全文，背面是一束象征和平美好的茂盛的橄榄枝及巴斯德研究所的全称等。

前面提到过，描绘巴斯德在科学上光辉事迹的绘画作品也非常之多，这里集中展示了其中3幅（左侧），以作纪念。

几行字反映的"微生物学之父"

巴斯德为免疫学、医学，特别是微生物学做出了原创力和想象力超强的不朽贡献，"微生物学之父"的美誉对于他来讲应是当之无愧的。

在法国巴斯德研究所内的实验室墙上钉有一块木板，上面刻着：

1857年——发酵
1860年——自然发生
1865年——葡萄酒和啤酒的病害
1868年——蚕病
1881年——传染病和疫苗接种
1885年——狂犬病的预防

简单的几行字，概括了这位"微生物学之父"一生的科学业绩。

巴斯德在化学界第一个提出了分子不对称理论，引起科学界的轰动，他也因此获得英国皇家学会颁发的朗福德奖章。虽然早就在化学方面成名了，但是使巴斯德彪炳千秋的却是微生物学，尤其

巴斯德在兔子身上做实验（左）；巴斯德用自己发明的曲颈瓶（又称"鹅颈瓶"）做实验（右）

是他在防治狂犬病上的成就。狂犬病虽不是一种常见病，但当时的死亡率为100%。于是，巴斯德组建了一个三人小组开始研制狂犬病疫苗。在寻找病原体的过程中，虽然经历了许多困难与失败，但最后还是在患狂犬病的动物大脑和脊髓中发现了一种毒性很强的病原体（现经电子显微镜观察，是直径25～800纳米、形状像一颗子弹的棒状病毒）。巴斯德经常冒着生命危险从患病动物体内提取这种病毒。一次，巴斯德为了收集一条疯狗的唾液，竟然跪在狂犬的脚下耐心等待。这体现了巴斯德为了科学研究而把生死置之度外的崇高献身精神，值得后人学习和称颂。

巴斯德冒着生命危险从病犬嘴内提取狂犬病毒

　　1880年，狂犬病疫苗研制成功，只待在人体上实验。5年以后的一天，一位母亲带着被疯狗咬伤的孩子来向巴斯德求救，巴斯德第一次将狂犬病疫苗注射到人体上。经过14次注射、37天的细心观察和治疗，孩子没有发病。狂犬病能够治愈，这个消息很快传出，震动了整个欧洲，乃至全世界。

　　防治传染病的新时代开启——以将狂犬病疫苗用于人体预防获得巨大成功为标志。为纪念巴斯德的伟大贡献，以他名字命名的巴斯德研究所成了名闻世界的医学微生物学的研究中心（人类分离的第一株艾滋病病毒也出自该研究所）。可以说，巴斯德开创了人类防治传染病的新时代。

　　巴斯德有3句名言值得世人记住：

　　　　"机遇只偏爱有准备的头脑。"

在巴斯德指导下为男孩注射狂犬疫苗的过程

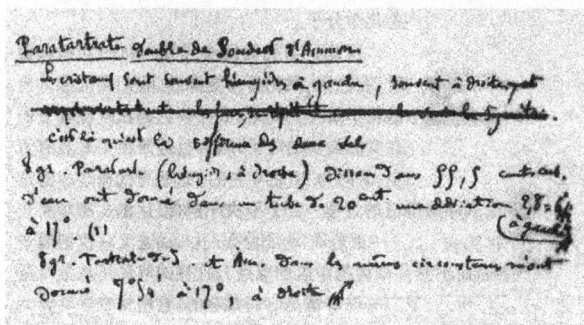

巴斯德1847年进行晶体研究的实
验记录手稿

"科学虽没有国界，但科学家却有自己的祖国。"

"意志、工作、成功，是人生的三大要素。意志将为你打开事业的大门；工作是入室的路径；这条路径的尽头，将有成功来庆贺你努力的结果。"

自19世纪中叶以来，世界上大多数地区的人口预期寿命大约翻了一番。人类寿命的显著延长对每个人产生的巨大影响，很可能超过了整个人类历史上任何其他发展对人类的影响。现代科学和医学的发展几乎为我们每个人提供了第二次生命。尽管生命得以延长的功劳并非全部归巴斯德，但巴斯德的贡献是如此重要，以至毫无疑问，降低人类死亡率的大部分功劳应归巴斯德。因此，巴斯德不仅是人类历史上最具影响力的人物之一，也是最值得所有人尊敬的人。

巴斯德纪念邮票

有关巴斯德研究所及纪念并反映巴斯德
丰功伟绩的纸币

谱写电磁理论统一篇章的"大诗人"
麦克斯韦

科学肖像解析

　　詹姆斯·克拉克·麦克斯韦（1831—1879），出生于苏格兰的爱丁堡，伟大的英国物理学家、数学家，经典电动力学（麦克斯韦方程组）的创始人。他预言了电磁波的存在，他还是统计物理学的奠基人之一，代表作品有《电磁学通论》和《论电和磁》。

　　在麦克斯韦的科学肖像中，大胡子是其面部的标志性"装饰"，如同缕缕电磁波线。在他的大胡子中央有以他名字命名的、概括和统一整个经典电磁学与光学的"麦克斯韦方程组"。特色面饰加上特有贡献，凸显了麦克斯韦的鲜明个性；而背景以反映"场"的装饰性形象来表现，胡须下方为可从电磁理论导出的电磁波形象图，突出表现了电磁理论体系的深远意义。最下方用他流畅的亲笔签名进行点缀，衬托了整个肖像的科学性和艺术性。

19 世纪中叶，有关物理学中划时代的场论以及电磁学革命性的精简诗篇诞生了，它的作者就是麦克斯韦。

这样一场电磁物理学的伟大变革，是同法拉第、麦克斯韦和赫兹的名字永远联系在一起的，但最大的理论贡献来自麦克斯韦。他指出，当时已知的全部光和电磁现象，都可以用两组（4个）微分方程表示。在这些方程里，场强度是终极的实在，它不能简化为任何别的东西。到19世纪和20世纪之交时，电磁场概念作为一种终极实体，已经被普遍接受。

然而，上述反映电磁场的4个方程的来源，竟然与下面《圣经》中的4句诗有着千丝万缕的联系：

你打开了我的双眼/我看到出于你法则的奇异事物/
我是地球上的陌生人/我遵从你的戒律

麦克斯韦的母亲摘录过《圣经》上的许多名句，并喜欢读莎士比亚的作品，这些对小麦克斯韦产生了很大影响。对信仰的坚持和爱好古典诗文，伴随着麦克斯韦的一生。

以数学诗篇描绘五光十色

在麦克斯韦之前，人们以为自然界中的物理实在就是质点，牛顿创造了质点概念，其变化完全是由那些服从全微分方程的运动所造成的。而在麦克斯韦以后，人们则认为物理实在是由连续的场来代表的，它服从偏微分方程，不能对它作机械论的解释。实在概念的这一变革，是物理学自经典力学以来的一次最深刻、最富有成效的变革。

面对复杂多样、五光十色的电磁和光波世界，麦克斯韦是怎样将电、磁、光三者统一，又将它们纳入了一个简单优美的数学框架的呢？

麦克斯韦出生在英伦三岛中的苏格兰的爱丁堡——历史上这里出现了不少显赫的人物。幼年时麦克斯韦随父母来到格仑莱尔的乡下，度过了幸福的童年。山清水秀的故乡培养了他热爱大自然的性情。当时只有8岁的麦克斯韦在母亲的影响下，爱好古典文学，这对他日后产生了深远影响。他一生保持着宗教信仰，且对英国古典文学十分热爱，能很熟练地引论《圣经》中的句子与诗歌，自己也喜欢写诗。

14岁时他就发表了一篇数学论文《论有多个焦点椭圆的画法》，受到当时著名数学教授的称赞。1849年，麦克斯韦离开苏格兰的学校，在校期间他的博学和聪慧渐渐地改变了同学们认为他"老土"的偏见。就在这一年，他做了混合颜色的实验，对颜色重新进行了分类，并提出自成体系的术语与方法；写就了论文《论弹性体的平衡态》，在其中提出了光和弹性研究的基本框架。

他特别喜爱英国诗歌，并能熟记其内容与韵律，有很高的鉴赏水平，经常陶醉于其艺术美之中，这与他思考和演算数学有相似之处。阅读速度很快的他，同时又有着很强的记忆力，还善于想象与神游。在家里时他常大声朗诵所喜欢的文学作品，莎士比亚给他带来极大的乐趣与享受——这也就是为什么他的理论像莎士比亚的诗歌一样，简洁而有内涵地一行一行地写成。他曾写了一首文学性和科学思想性相结合的诗，于1874年11月在《黑树林》杂志上发表：

> 只有原子和虚空，别的一切都过了时！
>
> 为什么一个人要对本来不存在的东西献媚呢？
>
> 就是为了在不明晰的星云王国里获得提升？
>
> ……

青年麦克斯韦手里拿着一个可快速旋转的着色扇形圆盘准备进行混合颜色实验

最高质量的和令人吃惊的发现是麦克斯韦短暂一生的最大特点。研究过他的专家曾说："麦克斯韦的研究很少涉及单独的课题，他做出的成就超出了他同时代人的认识能力。"

科学就是"解决问题的艺术"

除了对物理学的场论、电磁学做出了革命性的贡献之外，在统计力学领域麦克斯韦还提出了气体分子运动论的思想。分子由于碰撞容器壁而产生压力；这些分子有的速度快、有的速度慢，从而互相推撞，要计算出每个分子的运动状态是不可能的，但当气体分子的速度达到一个确定的、扩

具有诗人气质的胡须与眼神

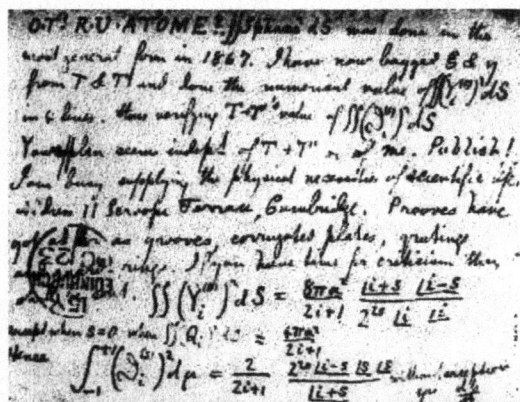

具有诗歌般工整形式的数学演算手迹——它被写在了一张明信片上

散的统计分布时，气体就会处于平衡状态——这就是麦克斯韦气体分子速度分布律。这样，他就把概率的观念引入了物理学，就像一位画家将一种性质的颜料运用到另一种绘画形式中，达到了意想不到的色彩效果。根据这一规律，可以计算并推断出气体的许多性质——这反映出麦克斯韦是一位创新型的解决问题的天才。

很多伟大学者都对哲学和心理学十分着迷，在这方面麦克斯韦给我们留下了大量的资料，从中我们可以看出他的天才所在。然而理解天才总是一件非常困难的事，要理解一个人精神世界的详细情况似乎是不可能的，因为人的思想实在是太复杂了，而对一个天才来说，情况更是如此。麦克斯韦曾经对同样是解决问题的天才、他的朋友法拉第这样评论过：

"每个第一流的伟大人物，在历史智者的行列中都占有自己特殊的位置，负有特殊使命，如果他们死了，那就没有人来填充这个位置了。"

19世纪可以说是人类历史上一个科学时代的开始，人们对大自然乃至整个宇宙的观念都改变了。开始时，麦克斯韦的主要兴趣只在技术上——在这点上非常像他的前辈、同胞牛顿。他幼小的心灵常常充满奇思妙想，这也许和他具有技术才能的父亲与叔父是一样的——他俩常常去看附近的造纸厂的机械装置。作为年轻人，他曾设计过一个风箱，还写过关于手工印刷机技术的文章——其目的就是想解决看得见摸得着的问题。

但后来麦克斯韦在科学方面的天赋逐渐显现。在他的成长过程中，父亲待他十分耐心，并用科学知识来回答他提出的关于宇宙内部结构的各种问题。当他上学之后，父亲总是鼓励和辅导他学习功课。而当麦克斯韦长大以后，他们的位置换了过来，他总是向父亲介绍各种新的科学技术思想。有一封父亲写给他的信表明，当时麦克斯韦正在伯明翰准备参加剑桥大学荣誉学位考试，此时的麦克斯韦对技术已不感兴趣了，他开始对基础科学产生浓厚兴趣——他的更高目标是解决看不见摸不着的问题，譬如电磁波和电磁场等，并且将解决它们的过程视为"艺术"。

天才是不能被具体定义的，它是一种突出的品质。麦克斯韦用自己的一生诠释了为什么天才的科学家被称作"解决问题的艺术家"。在历史上的任何一个时代，都必然存在需要解决的科学问题，但由于实验还没有达到能解决问题的程度、不能提供充分的背景资料与知识，麦克斯韦就凭直觉抓住了这些问题，并站在那个时代的最高处去解决它们——这就是科学研究的艺术。

艺术家需要从不同角度思考问题

在光学中，麦克斯韦主要的贡献是色觉的生理学反应。他证明了正常的肉眼有3种颜色感受器：一种对红光敏感，一种对蓝光敏感，一种对绿光敏感。色盲是缺少其中一种感受器的结果。他还研究了视觉的另外一些缺陷。能被许多人看到的蓝光点被称为麦克斯韦点。彩色照相术在维多利亚时代已成为大众的消遣，是麦克斯韦拍摄了第一张彩色照片。

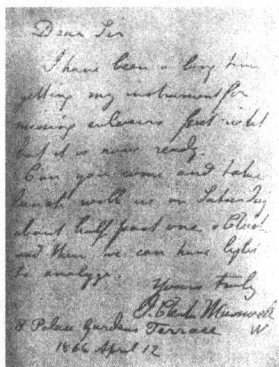

1864年麦克斯韦致物理学家亥姆霍兹的信的手迹

在天文学中，他看到了围绕着土星的光环，经过长时间研究，他说这个光环既不可能是固体，也不可能是液体，而可能是由固体的粒子组成的。另外在拓扑学中，他也做出了许多重要贡献。在控制论中，他写出了开创性的论文；他发明了倒数图，这在工程学中很有用处。在光学仪器、固体应力感应以及光的双重折射等领域，他都做出了重要贡献。

想象力并不是艺术家的"专利"。麦克斯韦不但有很强的逻辑思维能力，而且还有着如同艺术家般的想象力，在这方面他超过了他那个时代的很多著名人物。他的天资、才能、鉴别力以及坚韧不拔的毅力是令人惊叹的。他可以长时间地思考一个问题，最后得出结论，这个结论可能距离彻底解决问题还很远，但他会一连几年去思考这个问题，并从不同的角度去思考它，以使这个问题的解决方法逐渐明晰。

20世纪20年代初，爱因斯坦在柏林家中书房的墙上挂了

麦克斯韦拜访大他40岁的法拉第时的情景

3幅肖像画，画的分别是牛顿、法拉第和麦克斯韦。那是因为他相信，自牛顿以来，人类在对物理世界的认知上最伟大的变革源于法拉第的实验以及麦克斯韦对其提供的相应理论解释。而麦克斯韦与法拉第之间竟存在着相见相知的交集——他们都是科学上的"大艺术家"，只不过一个体现在建立于直觉基础上的电磁实验上，而另一个却表现在基于联想的电磁场方程推演上。

可以说，"直觉"和"联想"都是创新的基本要素——两位大师于1860年的一个晴朗的秋日见面了，一见如故的他们马上谈起共同关心的问题——力线、场、电磁、光……这些概念在物理学史上具有伟大的实在意义，它们象征着从"力线与场"的角度考虑电磁学实验和理论的完美结合以及即将的腾飞。在这方面，麦克斯韦方程组的诞生与当年哥白尼"日心说"的诞生都是从不同角度看问题的经典成就——一个是站在太阳的角度，而另一个则是站在场的角度。

1866年，有人为麦克斯韦画了一幅画像，后来在剑桥大学的人们都很熟悉这一画像。看着这幅画，人们能想象出麦克斯韦走路时脸上凝思问题的表情，他的爱犬托比跟着他。他极富幽默感，反应灵敏，才思横溢，常常开怀大笑；他明亮的眼睛有着特殊的眨眼动作；他生性沉静，不喜喧闹。在实验室里，他的动作干净利落，能熟练地完成各种实验。在工作中，他总是在思考各种问题，并有思考时低声吹口哨的习惯。在谈论时他有快速转换话题的才能，并能在干扰很大的场合集中自己的思绪。一句话：他是一位不断变换工作节奏和研究视角的艺术家。

爱丁堡的科学文化培养了他

1845年的冬天，在爱丁堡的文法学校，小麦克斯韦常常跟随父亲参加由科学界人士举行的集会。当时他认识了一位爱丁堡有名的装饰艺术家，这位艺术家关于颜色分类的专门用语后来被麦克斯韦采纳。

1873年，麦克斯韦回忆起他早年喜爱规则的数学和曲线，把数学看成探求和谐与美的形式时说："我总是把数学看成是得到最好形状和事物量纲的方法，也就是说，它不光是最有用和最经济的，而且更重要的是，它是最和谐和最美丽的。"早年他对几何学的爱好很明显地表现在他写给父亲的一封信中。那时他才13岁，他对四面体、十二面体和更多面体极感兴趣。

在爱丁堡有小狗陪伴的麦克斯韦塑像——视线向下、全神贯注地思考着（左）
1858年，麦克斯韦与凯瑟琳·玛丽·迪尤尔结婚，有爱犬相伴（右）

　　他研究数学的出发点是几何学。他的第一篇论文是对椭圆的力学描绘，这可能是由于几何形式和谐的美感启发了他。1847年，他开始研究物理学，晶体所表现出的色彩效应使他十分惊奇。后来他把这些现象说成"颜色的绚丽纠缠"，这又一次表现出他对大自然的审美情趣。他一直对颜色的和谐十分着迷。大自然的壮美和谐与神秘，使他从小就对数学、物理学产生了浓厚的兴趣。

　　麦克斯韦的父亲对他的科学兴趣大力扶持，努力创造主客观条件，使他的科学智趣不断发展成长，并促成了他与一位叫福布斯的爱丁堡大学自然哲学教授的相识。福布斯对小麦克斯韦的论文给予了很高评价："对他这么小的年龄来说，论文中提出的思想与方法是很杰出的、智巧的。"今天看来，我们认为，所谓"智巧"就是科学与艺术的融合。

　　1847年4月，麦克斯韦的叔叔带他参观了爱丁堡光学实验专家威廉·尼克尔的实验室，这给麦克斯韦留下了极为深刻的印象。从那之后，他开始做关于偏振光颜色效应的实验和一些别的光学实验，从此走进了华丽多彩的颜色世界，并开始阅读当时这方面的权威著作。正是苏格兰的光学界泰斗们激起了他对颜色的兴趣和研究的热忱。在爱丁堡的学业结束后，麦克斯韦开始集中精力研究偏振光的颜色效应。他当时雄心勃勃，借助固体的弹性理论提出了对光的弹性效应的解释。可以说，最早是爱丁堡的科学文化氛围培养了麦克斯韦，使他日后成为了一名谱写电磁理论统一篇章的"大诗人"。

1855年到1856年期间，麦克斯韦写下《论法拉第的力线》一文，在该文中，他第一次试图将法拉第的力线概念赋予数学形式，从而初步建立了电与磁之间的数学关系。时隔一年后，麦克斯韦发表了第二篇论文《论物理学的力线》。在这篇论文中，他提出了自己首创的"位移电流"和"电磁场"等新概念，并在此基础上给出了电磁场理论更完整的数学表述。1864年麦克斯韦向英国皇家学会宣读了发表在其刊物《哲学会刊》上的著名论文《电磁场的动力学理论》，该论文不仅给出了今天被称为麦克斯韦方程的电磁场方程（组），而且还提出了电磁波的概念——后来，德国物理学家赫兹证明了这一点。麦克斯韦认为，变化的电场必激发磁场，变化的磁场又激发电场，这种变化着的电场和磁场共同构成了统一的电磁场，并将光的电磁形式也纳入其中，推出光就是一种"特殊的"电磁波。至此，麦克斯韦关于电磁理论诗篇完整的四行诗形式已全部呈现在世人面前。

1873年，麦克斯韦出版了集一个世纪以来电磁学理论之大成的伟大著作《电磁通论》。从此，麦克斯韦的名字与其写下的电磁方程组诗就永远地联系在一起了。纵观麦克斯韦一生科学研究的艺术，我们发现，他就是一个诗人，一个能谱写有关电磁理论之五光十色诗篇的大师级诗人。

不同国家发行的纪念麦克斯韦及其方程的邮票

具有理想主义色彩的"科学文学家"
诺贝尔

科学肖像解析

阿尔弗雷德·伯纳德·诺贝尔（1833—1896），瑞典化学家、工程师、发明家、军工装备制造商和炸药的发明者。他一生在科学事业方面有两项成就最引人注目，一个是通过化学研究发明了硅藻土炸药，另一个就是他设立了诺贝尔自然科学奖。在世人看来，诺贝尔自然科学奖的设立可能更加伟大，因为它在客观上起到的作用是统一规划了全世界的科学格局，并激励了20世纪及其之后科学的加速发展。

诺贝尔的典型形象是与其化学实验仪器设备，还有理论书籍融于一体的，表明了他的化学家、发明家身份；最重要的是，他创立的诺贝尔奖（以其熠熠生辉的奖章形象代表）放出的光芒胜过了从窗外投入的天光，其中放射波纹逐渐变大，象征着该奖项对科学发展的作用犹如炸药的巨大能量般不断扩展。

具有文艺气质的青年诺贝尔，双眼望向远方，充满着人生理想

反映诺贝尔艺术气质与科学事业相结合的一幅油画作品

玩转科学的艺术不仅仅限于具体科学本身的研究，有效促进科学的发展也是一门艺术。当然，科学发展的动力在于人类对自然宇宙的好奇心和探索欲望，但如果再加上外在好的研究氛围和一定的激励机制，那就必将吸引更多的人加入科学探究和创新的行列，进而加速科学事业的蓬勃发展，并且加快造福于人类的步伐。

鼓励人们开展科学创新与技术发明的最早奖励机制不知是从何时起建立的，但从1901年开始，有一个人用遗嘱形式设立的奖项在全球起到的作用不可估量，它促进了20世纪科学技术的迅猛发展，其激励机制直到21世纪的现在仍然坚实而有力，并还将继续起作用。这个奖以其设立人的名字命名，他就是阿尔弗雷德·伯纳德·诺贝尔——一位瑞典化学家和发明家、硅藻土炸药的发明人；同时，他也是一位将文学列入其奖项并做过诗人梦的理想主义者。

多种兴趣爱好　纵横理想人生

诺贝尔不仅是一位以化学研究见长的炸药发明家，他还是个多才多艺、知识丰富、兴趣广泛的人。他对电学、光学、机械学、生物学、生理学和文学都相当了解，并时常把自己的研究领域和其他学科联系起来加以思考。他说过："各种学科彼此之间是有内在联系的，为了解决某一科学领域里的问题，应该借助于其他有关的科学知识。"

一提到诺贝尔，人们首先想到的是他是诺贝尔奖的创立者和一位伟大的炸药发明家，但很少有人知道他还是一位文学爱好者。他喜欢阅读瑞典、英国、法国、德国、俄国的各种文学名著。对于英国文学，除了喜欢阅读雪莱、拜伦和莎士比亚等人的作品之外，他甚至对英国不怎么著名的作家的作品也极为熟悉。至于法国文学，他除了与雨果有直接交往而阅读他的作品之外，还广泛地阅读莫泊桑、巴尔扎克、左拉等人的作品。在俄国文学中，他很喜欢读果戈里、陀斯妥耶夫斯基、托尔斯泰和屠格涅夫等人的作品。在包括他的祖国瑞典在内的其他各国文学中，他阅读过易卜生、比约恩森、加博格、基兰等人的作品，对这些作品他都有过独特的评价。

　　诺贝尔不仅喜欢阅读文学作品，而且也曾尝试过进行创作，后人曾在他的遗稿中发现他写的一部小说的开头。他写过一些小说草稿，但都没有发表过。例如1861年写的《在最明亮的非洲》和1862年写的《姊妹们》这两部表现他对社会改革观点的作品；在人生最后阶段的1895年，他写的喜剧草稿《杆菌发明专利权》——这多少有点让我们想起后来同为化学家，并且是人工避孕药的开发者的杰拉西，后者也是在功成名就的晚年写作文学作品的科学家。尽管诺贝尔的作品的确包含着对于人物性格的敏锐观察，但却有点天真和造作。他对现实生活越来越多的批判，使得这些作品充满了挖苦和奇怪的内容。

　　少年时期的诺贝尔深受英国诗人雪莱的影响，并表现出了诗人的气质。在青年时期，诺贝尔曾用英文写过一些诗。而他在诗歌方面的尝试，总是模仿拜伦和雪莱的作品。在他写的一篇抒情诗中，有这样的句子："我只知道专心读书探索大自然，吸取渊博而浩瀚的知识宝泉。"尽管诺贝尔肩负着大量的科学研究任务，但他仍执着于对诗的偏爱。他注意跟随包括斯堪的纳维亚半岛在内的文学潮流，并且从中看出它们在他所梦想的人类向更美好的生活进发时，能够成为一种使人精神振奋的力量。

　　有一份他自己所列的清单的题目是《已经写完的文学与诗歌》，共14部（首）：《三姊妹》《背负死亡》《疾病与医疗》《她》《一则谜语》《我是否曾经爱过？》《给予的梦想……》《精神抚育》《相信与不相信》《惊奇》《我看到两朵玫瑰蓓蕾》……《一则谜语》是他写的一首自传体式的长诗。这些作品中保存至今的有第一、第五、第六、第七、第八部（首）。从中可以看出诺贝尔文学创作的灵感相当丰富，虽然在晚年由于他所遭受的沉重打击，这种灵感已变得比较迟钝了，但它却伴随了他的整个一生。下面是《我是否曾经爱过？》中的一小段摘录：

　　　啊，你的质问，似我记忆的旋涡，唤醒了一幅

中年时期的诺贝尔——是化学家、发明家，还是文学家、诗人？又或者两方面兼而有之？

辞世时诺贝尔的面部石膏磨具——其雕塑艺术般的面容永载史册

甜蜜的轮廓，那梦寐以求的幸福呵，生活不肯将它赐给我；那满腔热忱的爱情呵，不待成长就已经凋落。你不会懂得，一个年轻心灵的理想世界，是怎样遭到现实的折磨……

对古今著名和无名作家的基本思想倾向相当熟悉的诺贝尔，喜欢那些带有理想主义倾向的作品，而不喜欢当时的自然主义作品。他曾把托尔斯泰的作品翻译成瑞典文。

鲜为人知的是诺贝尔同时也是一位剧作家，他唯一的一部正式出版的戏剧作品是写于1895年的《复仇的女神》，但是一直到他生命垂危的时候，这部剧作才得以付印。可惜的是，他的作品被认为是"诽谤滋事、亵渎神明"。这部悲剧在巴黎出版时，诺贝尔已经永辞人世了。他的家族成员们认为"像这么一部可怜的剧作，不能给一位伟人带来荣誉的纪念"，因此只留下3本保存，其余的全部销毁。一直到2003年，首部幸存版才在瑞典出版。除了世界语外，这部戏剧还没有被翻译成其他语言的文字，包括英文。

成年之后，尽管技术发明与商务发展两方面的事务极为繁忙，业余时间很少的诺贝尔对文学的爱好却与他对科学的爱好一样始终如一。可以说，文学与科学是诺贝尔的两大精神支柱。他也喜欢与文学密切相关的哲学，对于当时著名的欧美哲学家，他比较喜欢英国的斯宾塞的实证主义哲学。在哲学方面，他曾列出过一些准备写的论文目录和提纲。

一生共获得355项专利权的诺贝尔，晚年也做过人造丝和人造橡胶的研发，虽然没有成功，但对后来的发明却有不少帮助。他在1890年写的题为《拟论述的哲学反映》的目录中，用12个标题涉猎了天下万物非常深远的思想，如互相作用的原子、大脑思维和记忆的功能、以太和可衡量的物质、各种宗教渗透、经济和税收研究、化学新的简化体系、以新思想为基础的政府组织、爆炸学科的工作、细胞与宇宙的哲学等。

在思想方面，诺贝尔在信件里经常引用莎士比亚和其他英国作家的话，并使之变得滑稽风趣；这些信件还透露出他曾仔细读过并且珍惜与他同时代的一些哲学家的著作，例如赫伯特·斯宾塞，他的思想在很多方面与诺贝尔自己的思想相吻合。

　　诺贝尔的广泛兴趣主要归集为科学和文学，而他对它们的热爱又分门别类，纵横有序，这极大地丰富了他的人生——然而不管科学还是文学，他均以理想主义为统领。诺贝尔认为，对自然科学的征服，是为子孙后代实现幸福理想的物质材料；而文学的理想主义使命，则能用艺术的形式在精神方面起作用。这可能就是诺贝尔在遗嘱中把文学作为奖项之一的原因。而和平奖的设立则更是反映出他的理想主义在人类社会范围内的一种愿景。

正面　　　　背面
诺贝尔自然科学、文学及和平等各奖项奖章的设计

诸项诺奖设置　尽显博爱诗意
累积物质财富　化为精神永存

　　在世界科学史上，诺贝尔是这样一位伟大的科学家：他不仅把自己的毕生精力全部贡献给了科学事业，而且还在身后留下遗嘱，把自己的遗产全部捐献给科学、文学与世界和平事业，用以奖励后人，向人类文明的高峰努力攀登。他对各种人道主义和科学的慈善事业捐款十分慷慨，他把自己的大部分财产都交付给了信托公司，设立了后来成为国际科学界最高荣誉的奖项——诺贝尔奖。今天，诺贝尔奖已成为相关领域举世瞩目的最高大奖。他的名字和人类在科学与文化艺术探索中取得的成就一道，永远留在了人类社会发展的文明史册上。

　　诺贝尔在他生命的最后几年，曾先后立下过3份内容非常相似的遗嘱：第一份立于1889年；第二份立于1893年；第三份则立于1895年，存放在斯德哥尔摩的一家银行，是他最后的遗嘱。

　　他在这份遗嘱中取消了分赠亲友的部分，将自己的全部

自1901年开始，每年一度的诺贝尔奖颁奖大会都有庄重的仪式感——瑞典政府和人民俨然已将在斯德哥尔摩音乐厅举行的颁奖仪式作为该国科学与艺术的重大盛典

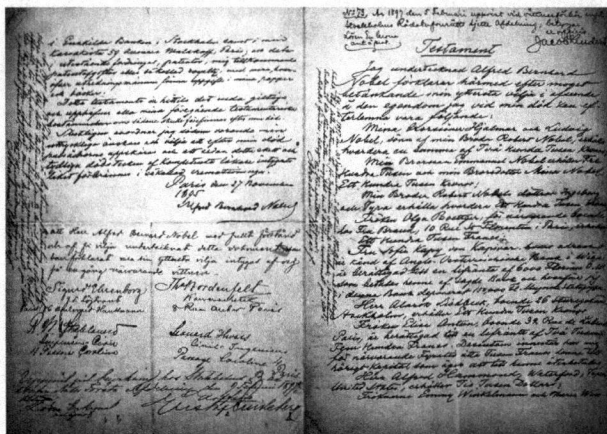

诺贝尔于1895年立下设奖的最后遗嘱——书法优美流畅，整体具有一种立体艺术感

财产用于设立奖励基金，于1897年年初在瑞典公布于众。

签名人阿尔弗雷德·诺贝尔，在经过成熟的考虑之后，就此宣布关于我身后可能留下的财产的最后遗嘱如下：

我所留下的全部可变换为现金的财产，将以下列方式予以处理：这份资本由我的执行者投资于安全的证券方面，并将构成一种基金；它的利息将每年以奖金的形式，分配给那些在前一年里曾赋予人类最大利益的人。上述利息将被平分为5份，其分配办法如下：一份给在物理方面做出最重要发现或发明的人，一份给做出过最重要的化学发现或改进的人，一份给在生理学或医学领域做出过最重要发现的人，一份给在文学方面曾创作出有理想主义倾向的最杰出作品的人，一份给曾为促进国家之间的友好、为废除或裁减常备军队以及为举行和平会议做出过最大或最好工作的人。物理学奖和化学奖奖金由瑞典皇家科学院授予，生理学或医学奖奖金由在斯德哥尔摩的卡罗琳医学院授予，文学奖奖金由在斯德哥尔摩的瑞典文学院授予，和平奖奖金由挪威议会选出的一个五人委员会来授予。我的明确愿望是，在颁发这些奖金的时候，对于授奖候选人的国籍丝毫不予考虑，不管他是不是斯堪的纳维亚人，只要他值得，就应该授予奖金。

我在此声明，这样授予奖金是我的迫切愿望。

这是我的唯一有效的遗嘱。在我死后，若发现以前任何有关财产处理的遗嘱，一概作废。

阿尔弗雷德·伯纳德·诺贝尔

1895年11月27日

　　这份记录于历史的遗嘱体现了诺贝尔美好的理想和博爱的情怀。

奖项设置：

诺贝尔和平奖　　诺贝尔化学奖　　诺贝尔文学奖

诺贝尔物理学奖　　诺贝尔生理学或医学奖　　诺贝尔经济学奖（由瑞典银行在1968年增设）

1968年开始，由瑞典银行增设了诺贝尔经济学奖——使得诺贝尔奖覆盖了人类文明最重要的几个方面（左）；建造在中国的诺贝尔纪念铜像（右）——诺贝尔的明确愿望是，奖励对人类有贡献者，不分国籍和民族，只要他值得。2015年，诺贝尔自然科学奖终于花落中华人民共和国本土科学家，屠呦呦荣获其生理学或医学奖

　　2015年，在诺贝尔立下最后遗嘱的120周年之际，瑞典诺贝尔博物馆展出了他的遗嘱手稿。诺贝尔一生拥有355项专利发明，并在欧美等五大洲20个国家开设了约100家公司和工厂，积累了巨额财富。诺贝尔利用他所创造的巨大财富设立了诺贝尔奖，各种奖项的前面均冠以他的名字。这是以他这位为科学技术、文学艺术与和平理想奋斗一辈子的人的"财富"形式，激励后人争取更大的荣耀与理想——它是一种统一诺贝尔人性及其博爱精神的最好形式。而后来元素周期表中的人造元素"锘"就是以诺贝尔的名字命名的，突显了国际化学界对他的纪念和尊敬。诺贝尔奖授予世界各国对人类做出重大贡献的人，也让世人永远记住了一位累积物质财富，并将其化为精神永存的伟人——这也是他"做人艺术"的一种至高形式。

发现元素周期律的"拼图者"
门捷列夫

科学肖像解析

德米特里·伊万诺维奇·门捷列夫（1834—1907），俄国杰出的科学家，总结并发现了现在通用的化学元素周期律；他依照原子量，制作出世界上第一张元素周期表，并据此预见了一些尚未发现的元素。他的名著、伴随着元素周期律而诞生的《化学原理》，在19世纪后期和20世纪初被国际化学界公认为标准著作，前后共出了8版，影响了一代又一代的化学家。

就像科学肖像中表现的一样，门捷列夫像一位扑克牌高手，在厚实而广博的知识背景下，随着不断地理牌、放牌、组牌，在他的额头上渐渐地呈现出清晰的元素周期律（表）的图景。肖像突出表现了他因有关元素的摆放位置而纠结的画面，而他的长发和大胡须连成一体，犹如艺术家给人的印象。

如果道尔顿活到门捷列夫所处的时代，一定会十分欣赏门捷列夫对化学元素的排序所做的贡献，因为他那个时代还没有足够的元素用来分类并进行周期性研究。元素周期律可以看作将事物归类且周期性排布最有意义的成就——它和达尔文发现生物进化论，以及沃森和克里克发现DNA结构一样，需要"拼图"和"洞察"等多种能力的交织运作。在他人工作的基础上和艺术性灵感的激励下，门捷列夫将元素按它们已知的质量列成表格，并发现了其行为具有周期性的规律。事实证明，他在表格中的某些位置留下空位、期待将来的发现能够将它填满的做法是正确的，当时没有条件填上的元素后来都一一被发现了——这种带有预言性的做法就是科学美的一种反映，然而它需要艺术手段的支持。

门捷列夫是一生发表了300余篇论文的多产作者，领域涉及科学、艺术、教育和经济等。但他最伟大的成就还是具有现代化学意义的元素周期律的发现。广博的知识给他带来了好处，而活跃的艺术性思维让他在很多信息不到位的情况下借助联想，人为地联系起"散乱"的化学元素，直到它们有体系地归类和就位于他所设计的扑克牌似的"拼图"上。

"八音律"谱成"元素交响曲"

从小热爱劳动、喜爱大自然、学习勤奋的门捷列夫生长在西伯利亚，他是众多兄弟姐妹中最小的一个。父亲是当地一所中学的校长，还在门捷列夫很小的时候，就因双目失明而退休。沉重的家庭负担落在了母亲的肩上。这位刚毅的女人开了一家玻璃厂以维持一家的生计，勉强带大了所有14个孩子。而当门捷列夫14岁那年，父亲就去世了，母亲的工厂也因失火而倒闭。刚刚高中毕业的门捷列夫随母亲来到了莫斯科，想进一所大学，可是没有一所大学愿意对他敞开大门。1850年，母亲又带着他到彼得堡，在朋友们的帮助下，他终于进了彼得堡师范学院。在把小儿子的前途安排妥当之后，这位伟大的母亲也去世了。

后来，门捷列夫将其伟大著作献给母亲时说道："她通过示范进行教育，用爱来纠正错误，她为了使儿子能献身于

早年就长发连须、聪明绝顶、有着大脑门的门捷列夫

科学，远离西伯利亚陪伴着他，花掉了最后的钱财，耗尽了最后的精力。"门捷列夫没有辜负母亲的厚望，在大学里刻苦地学习，最终他以第一名的成绩完成了学业，并赴法国和德国深造。回国后，他先在彼得堡工艺学院任教，后来又被彼得堡大学聘为化学教授，在那里，他开始研究不同元素性质之间的相似性和关联性。

就在门捷列夫被聘为化学教授的1865年，英国化学家纽兰兹把元素进行反复排列，发现第八个元素和第一个元素的性质相近——他把这叫作"八音律"。若他继续研究或许现在就没人知道门捷列夫了。在纽兰兹等人发现的基础上，门捷列夫经过总结，改进编制出实用的元素周期表——这种情况出现在许多大的科学发现上，像哥白尼的"日心说"、牛顿的经典力学体系、达尔文的生物进化论和麦克斯韦的电磁方程组等都是建立在前人研究的基础之上。最终还是由门捷列夫利用八音律的线索谱成了恢宏的元素大家庭之交响曲。

门捷列夫具有浓烈学术气息和艺术感的书房（左）
与其说他从事的是科学研究，不如说是元素排列组合的"艺术"——用油画这一艺术形式表现的化学研究过程（右）

像作曲家发现音乐和声的效果一样，门捷列夫把已知元素的名称、原子量、化合价等基本信息当作不同的音符，标明后放在曲谱适当的位置。他发现夹在碳与氮中间的铍是多余的，进一步发现锌后面本来是砷，但砷的化学性质与磷相似。通过这种"元素的音律"，门捷列夫在35岁这一年发现了元素周期律并依据其编制了有史以来第一张元素周期表，最后又运用元素性质周期性递增往复的观点于1869年写成总结性的《化学原理》一书。

在门捷列夫所处的时代，人们没有掌握任何关于原子结构的知识，已知元素只有63种，元素大家族的信息并不完整，而且当时公认的许多元素的相对原子质量和化合价是错误的，确定元素在周期体系中的次序——原子序

早期俄文版的元素周期表

数是十分困难的。但门捷列夫通过对比元素的性质和相对原子质量的大小，重新测定一些元素的相对原子质量，先后调整了17种元素的排序，最后才确定元素周期表并予以公布。值得一提的是，门捷列夫宣布自己发现了一条化学的普遍规律，创造了一个理论，就像音乐家为自己的作品开一场音乐会一样，是需要很大勇气的，况且他还在周期表中预留了不少空位——这是一种"科学美"的创造。

早在1864年，德国化学家迈耶尔在他的《现代化学理论》一书中就已明确指出："在原子量的数值上存在一种规律性，这是毫无疑义的。"而且他在该书中收录了自己画的一张跟门捷列夫的第一张周期表十分相似的元素表格；1870年他画的一张甚至比1869年门捷列夫发表的周期表更完整，但是他没勇气公布自己的创作。1880年，迈耶尔坦言道："我没有足够的勇气去做出像门捷列夫那样深信不疑的预言。"

巧玩元素扑克牌的游戏

在研究过程中，门捷列夫于1860年开始注意到德国化学家约翰·德贝莱纳提出的三元素定律。德贝莱纳发现具有相同属性的元素之间存在着数学规律，如果将钙的相对原子质量（40）和钡的相对原子质量（137）相加再除以2，将会得到和锶的相对原子质量（88）很相近的一个数值。当他接着

中国雕塑家为破译化学密码的人塑的像

19世纪俄国大画家列宾于1985年为门捷列夫作的油画肖像

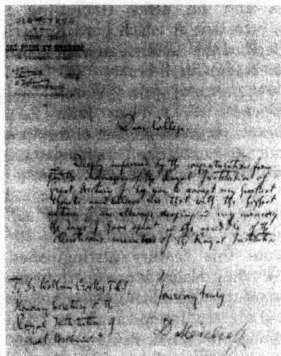

门捷列夫于1869年手书的元素周期律

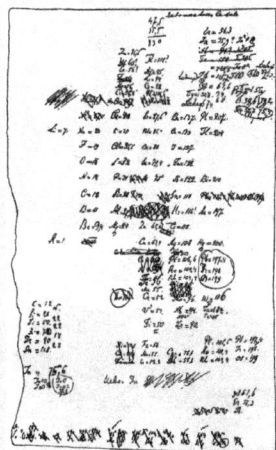

门捷列夫的一封感谢信手迹

发现锂、钠、钾以及氯、溴、碘之间也存在这种关系时，他开始确信这不仅仅是巧合。他将这种规律命名为"三元素定律"，但是他未能找到更多的例子。

当进行自己的研究工作时，门捷列夫已经注意到了法国科学家亚历山大·尚库尔在1962年的做法。尚库尔将写有元素的表格绕在一个圆柱的表面。在巴黎他公布了自己的做法，但是没有给出图表来说明。遗憾的是，几乎没有什么人理解他想表达的意思，他的工作大部分都被忽略了。

1867年，在俄国彼得堡大学工作的门捷列夫身为化学教授，大部分时间却不是在实验室度过的，而是将自己关在书房里，手里总攥着一副纸牌，颠来倒去，整好又打乱，乱了又重排。他不邀请牌友，也不上别人家的牌桌——他所玩的不是一般的扑克牌。

据门捷列夫的笔记记载，他的元素周期表的灵感来自于一次玩扑克的经历。1869年2月17日，门捷列夫坐在一套63张扑克牌面前，每张扑克牌都写有一种元素的名字和它已知的物理化学属性——这副牌包含了当时所知的所有元素。据说他不停地用这些牌摆弄着各种元素的位置，可总有三四个元素无法排入表格。夜已经很深了，门捷列夫迷迷糊糊地睡着了，梦中，他仍在继续玩着扑克牌，玩着玩着，他突然想到他熟悉的那十几个元素的物理化学性质，心中排列出他初始的元素周期表。一觉醒来，他赶快把梦中的元素周期表画了出来。

道尔顿在1805年曾经提出，每种元素都有自己独有的一个相对原子质量。通过排列这些扑克，门捷列夫发现了一种奇妙的方法，而通过这样的排列方式，位于同一列的元素的相对原子质量都是递增的，而位于同一行的元素都具有一些相似的特性。第一列是由锂、铍、硼、碳、氮、氧、氟组成的。在现代的元素周期表中，人们将行和列调换了一下，这些元素变成了第一行。这也就是一些人称门捷列夫的元素周期表为"扑克牌中的化学"的原因。

在这样做的过程中，门捷列夫不得不改变一些元素的排序，但是他对此很满意，因为他做出了正确的假设，即这些元素的相对原子质量测量得不准确。同时他也留下了3处空白并预言这些元素一定会存在——截至1886年，剩下的3个元素都被发现了。化学家们发现它们的性质与门捷列夫的预言很吻合。一个人能解释你所能看见的事情已经够聪明的了，而根据这一解释做出后来被证明是正确的预言，则为该理论锦上添花。

门捷列夫设计的称重仪器——为的是更加定量和科学地排列元素的顺序（左）
门捷列夫纪念邮票——他和他的周期表预言的3个元素：镓、锗和钪（右）

门捷列夫的自信是可贵的，后来他遇到什么地方接连不上时，就断定还有新元素没被发现，于是就暂时补一张空牌，这样他又一口气预言了11种未知元素，那时这副牌已有74张了——这就是最早的元素周期表。在随后的几年中，门捷列夫预言的所有元素陆续被发现，且乖乖地被加入他的元素周期表，特别是后来发现的氦、氖、氩、氪、氙和氡又给元素周期表增加了新的一族——元素的世界一目了然了，它就像一张大的牌桌，形成了以后化学研究的"形象游戏指南"。

曾深为无机化学缺乏系统性所困扰的门捷列夫，自从发现了元素周期律，便开始搜集每一个已知元素的性质资料和有关数据。他把前人在实践中所得的成果和能找到的见解都收集起来，最后都作为其著作《化学原理》的创作素材，为化学世界建立了崭新而清晰的秩序。

诗一般的化学艺术创作

门捷列夫于1869年发表了第一张元素周期表，同时，他

ОПЫТЪ СИСТЕМЫ ЭЛЕМЕНТОВЪ.

ОСНОВАННОЙ НА ИХЪ АТОМНОМЪ ВЕСЪ И ХИМИЧЕСКОМЪ СХОДСТВѢ.

$$\begin{array}{lll}
 & \text{Ti}=50 & \text{Zr}=90 & ?=180. \\
 & \text{V}=51 & \text{Nb}=94 & \text{Ta}=182 \\
 & \text{Cr}=52 & \text{Mo}=96 & \text{W}=186. \\
 & \text{Mn}=55 & \text{Rh}=104,4 & \text{Pt}=197,4 \\
 & \text{Fe}=56 & \text{Rn}=104,4 & \text{Ir}=198. \\
 & \text{Ni}=\text{Co}=59 & \text{Pl}=106,6 & \text{O}=199. \\
\text{H}=1 & & & \\
 & \text{Cu}=63,4 & \text{Ag}=108 & \text{Hg}=200. \\
\text{Be}=9,4 & \text{Mg}=24 & \text{Zn}=65,2 & \text{Cd}=112 \\
\text{B}=11 & \text{Al}=27,4 & ?=68 & \text{Ur}=116 & \text{Au}=197? \\
\text{C}=12 & \text{Si}=28 & ?=70 & \text{Sn}=118 \\
\text{N}=14 & \text{P}=31 & \text{As}=75 & \text{Sb}=122 & \text{Bi}=210? \\
\text{O}=16 & \text{S}=32 & \text{Se}=79,4 & \text{Te}=128? \\
\text{F}=19 & \text{Cl}=35,4 & \text{Br}=80 & \text{I}=127 \\
\text{Li}=7 & \text{Na}=23 & \text{K}=39 & \text{Rb}=85,4 & \text{Cs}=133 & \text{Tl}=204 \\
 & & \text{Ca}=40 & \text{Sr}=87,4 & \text{Ba}=137 & \text{Pb}=207 \\
 & & ?=45 & \text{Ce}=92 & & \\
 & & ?\text{Er}=56 & \text{La}=94 & & \\
 & & ?\text{Yl}=60 & \text{Di}=95 & & \\
 & & ?\text{In}=75,6 & \text{Th}=118? & &
\end{array}$$

Д. Менделѣевъ

诗一般排列的研究手稿及对应的印刷品

将其副本寄给了欧洲各国的同行们，让他们及时地了解他的工作。为了不破坏周期结构的和谐，他给未知元素留下空位的做法有些像诗人在其创作过程中，有些地方需要再斟酌用字用词而空位一样。所以，他的周期表犹如一位化学研究者"诗一般的艺术创作"。

在"创作"上，门捷列夫善于利用他人的成果，他确定应将铍的相对原子质量从14纠正为9，所以按相对原子质量递增的序位，氢—锂—硼—碳—氮—铍—氧—氟应纠正为氢—锂—铍—硼—碳—氮—氧—氟。经过诸如此类的元素顺序调整，元素性质的周期性递变规律才呈现出来：从锂到氟，金属性渐次减弱，非金属性渐次增强，从典型金属递变为典型非金属；序列中元素的化合价的渐变规律也得以显露：从锂到氮，正化合价从+1递增到+5；从碳到氟，负化合价从-4递减为-1。这样做使得他的元素诗歌作品更加简洁优美、和谐丰富。

他是一位真正的艺术型研究者，表现在他撰写的一篇篇进行艺术思考的论文上，正像他一张张不断更新的元素周期表一样——第一张周期表公布之后，门捷列夫继续深入研究，运用新发现的周期律反过来修正了不少元素的原子量。因为既然原子量决定了元素的化学性质，那么从其化学性质以及它在周期表中的相关位置，就可以推测出它的实际原子量。1871年，门捷列夫发表了修正后的第二张元素周期表。

门捷列夫发表的第一张周期表不太好理解，因为它并不完整——就像一个初学诗歌创作的人发表的处女作。但所留下的一些空位恰恰说明了他化学诗歌创作的严谨性。例如，他原先的周期表中没有稀有气体，后来的补充创作日渐成熟和完整，更加"情景交融、丰富多彩"了。

　　像所有新生事物一样，门捷列夫的周期表一开始也遭到了人们的怀疑和嘲笑。但没过几年，世界各国的化学家相继发现他创作的元素周期表意义巨大。因此，门捷列夫一下子成了国际知名的大化学家、俄国人心目中的科学英雄，可是他并没有沾沾自喜，依然保持着昔日平易近人和谦虚谨慎的作风。他也没有与迈耶尔发生过关于周期表提出先后顺序之争，两人后来很友好地见过面，他还高度称赞了迈耶尔的成就。

　　门捷列夫是一位进步的科学家，曾经公开抗议过沙皇迫害学生的行为，正因如此他没有被选上俄国帝国科学院的院士。据说，1906年，他以一票之差未能获得诺贝尔化学奖，但他不朽的科学业绩已永远载入了科学史册，并被世人铭记至今。1955年，美国的3位科学家在加速器中用氦核轰击锿，锿与氦核相结合，发射出一个中子，从而获得了新的元素——为纪念门捷列夫这位伟大的科学家，有关国际学术机构将这一新元素命名为"钔"。

"门捷列夫环形山"及其在月球背面的位置（左）；"门捷列夫"（"钔"）在他的元素周期表中（右）

人类历史上最杰出的"发明艺术家"
爱迪生

科学肖像解析

托马斯·阿尔瓦·爱迪生（1847—1931），世界级的伟大发明家、卓越的企业家。他是人类历史上第一个利用大量生产资源和电气工程研究的实验室来从事发明创造，而对世界产生了重大且深远影响的人。他发明的留声机、电影摄影机、电灯对整个世界有极大的影响。他一生共有2000多项发明，1000多项专利。

手举白炽灯泡的爱迪生并不是不怕电击，而是画者有意而为之——他的科学肖像创意中，他的大脑和双手连接起发电室装置（右上角的机组）和光亮四射的电灯，照耀到背景中黑夜里千家万户的楼宇。活动电影放映机、留声机和制作电灯泡的工作室也作为衬托在画面背景上依稀可见，说明爱迪生的发明数不胜数。

世界科技史上，有不少大人物小时候都不被人看好，甚至不被当时很有名望的人看好，其中包括牛顿、达尔文、巴斯德和爱因斯坦等科学巨星，爱迪生这个伟大的发明家也是如此。

是什么原因和力量导致了他们后来的"蜕变"呢？我们现在所介绍的主人公便有一个"改变了世界"的戏剧人生，它是一个鼓舞人心的关于勤劳、坚持不懈并取得划时代成就的传奇人物的故事。爱迪生曾被历史学家和文学家根据其毕生的成就赞誉为"人类惠师"，我们也可称他为"人类历史上最杰出的'发明艺术家'"——想想看，有灵性的机器发明肯定诞生于更有灵性的大脑和双手。美国出版的《人类1000年》中将他放在人物排行的第一位。

爱迪生不仅是一个大发明家，而且是一位发现了"爱迪生效应"的科学家。这种效应指的是在点亮的电灯内有电荷从热灯丝经过空间到达冷板。该效应促进了以真空管为代表的电子工业的蓬勃发展，它的原理现在仍用于标准电视屏和X光机上。可以说，爱迪生是一个有艺术天赋的发明创造者，一个在科技研究中有所建树，进而通过工匠精神物化了作品来为全人类服务的天才。

具有艺术天赋的发明天才

幼时的爱迪生在学校经常被老师恩格尔先生骂成"小笨蛋""低能儿"，因为他"刨根问底"的问题经常让老师下不了台——他的问题包括风是怎么产生的，一加一为什么等于二而不是四，等等。刚上小学3个月的他，因无法再继续学习下去而辍学回家随母亲学习。母亲采取因材施教、循循善诱的教育方法，让爱迪生认识到书的重要性——他不仅博览群书，而且能一目十行并过目不忘。

在爱迪生的童年，母亲扮演着决定性的角色，艺术性的教育在他成功的道路上发挥了不可估量的作用。爱迪生在母亲南希的指导下阅读了英国文艺复兴时期剧作家莎士比亚、狄更斯的文学作品和许多重要的历史书籍，如爱德华·吉本的《罗马帝国衰亡史》、大卫·休谟的《英国史》，他还读

年轻时的爱迪生——忧郁而凝重的目光中充满自信和坚毅

过托马斯·潘恩的一些著作，并被书中洋溢的真知灼见和英雄主义所吸引且一生受其影响。

亦师亦母的南希当时是一家女子学校的教师——一个富有教育经验的女人。她不认为自己的孩子是低能儿，因此开始自己教爱迪生。她通过平日留心观察，发现儿子不但不是低能儿，而且时常显露出特殊的才华。南希经常让爱迪生自己动手做实验，有一次讲到伽利略的"比萨斜塔实验"时，她让儿子到自己家旁边的高塔上尝试，爱迪生拿了两个大小和质量不同的球并同时从高塔上抛下，结果两球同时落地，他觉得很神奇并兴奋地告诉母亲实验结果。这次实验也铭刻在爱迪生的脑海里。

就像很多了不起的艺术家通过观察自然进行了成功的创作一样，爱迪生也对大自然非常好奇，如他可以专心致志地观察榆树叶芽怎么生长，秋风如何使枫叶变色等这些"科技性"问题。为了观察如何孵小鸡，他可以长时间趴在鸡窝里；为了探索蜂巢的奥秘，他被蜇得鼻青脸肿也毫无怨言；为了做摩擦生电实验，他在雄猫身上狠命搓揉直到双手伤痕累累。9岁那年，他得到一本帕克所著的《自然与实验哲学》，如获至宝，逐页研读，逐项实验，还在家中的地窖里建起一座小实验室。

从12岁起，爱迪生就在底特律—休伦的火车上卖报，还把自己的实验室搬到火车上，利用一切机会学习和实验。

1926年的一天，具有艺术天赋的发明天才的签名被永久地留在水泥石板上

他还在火车上自己编印《先锋周报》，从而了解到刚问世不久的电报的作用。1862年他奋不顾身地从火车轮下救出一幼童，幼童的父亲为答谢他，教他掌握了电报技术。由于"多种版本"的原因，爱迪生的一只耳朵失聪，落得终身残疾。

爱迪生是人类技术历史中最著名的天才之一，同时也是体现技术促进艺术发展的重要代表人物，难怪当他辞世时，好莱坞对他表达了无比的敬意。他拥有超过2000项发明，其中有"四大发明"：留声机、电灯、电力系统和有声电影，这些发明大大丰富和改善了现代人类的生活。在美国，爱迪生名下拥有1093项专利，而他在美国、英国、法国和德国等地的专利数累计超过1500项。他还创立了至今还屹立于世界的美国通用电气公司。

虽未能进入中学、大学或专科学校读书，但美国有3所大学因爱迪生的创造发明颁给他最高的学位，分别是：哲学博士、理学博士和法学博士。他一生积累的大量的资料、文件和记录本身就可以构成一个图书馆。爱迪生身后留下的私人记录中大约有30万条项目，很多文字都是他手写的，现在看来这些都可以成为"未来100年"的指导手册。

没有文凭的"学者型"大发明家——爱迪生那深邃的眼神集聚了他全部的智慧

伟大的艺术家都会给人类留下艺术杰作，而爱迪生这个具有艺术天赋的发明天才给人类留下的却是"承载着艺术杰作的杰作"，像记载美妙音乐的留声机和记录电影艺术家表演的电影机等。艺术家的生命力在于不断创作，而他自己曾多次表示："停止就意味着生锈""必须时常收获，而不能一生只收一次""我要做的事如此之多，而生命又如此短促，我不得不挤出时间"。美国著名物理学家、诺贝尔奖获得者密立根赞誉他："他差不多已70高龄了，还在阅读科学领域出现的新书，而且不断地提出问题。"

伟大工匠精神的杰出代表

在《人类1000年》（999—1999年）的"风云人物100位"中，编者将爱迪生排在第一位，主要是因为人们享用到了他发明的诸多已经走进千家万户的承载文化艺术元素的现代化机器。

爱迪生的父亲是美国独立战争之后逃往加拿大的一个美国托利党人的后裔，还是一个会木工手艺的农民，母亲在乡村当过教师，爱迪生在家中7个孩子中是最小的一个。也可能是"工匠手艺"基因的累积遗传，爱迪生后来的技艺不但体现在手头功夫上，还体现在发明思考及"大工艺"的制作上。

具有工匠精神的爱迪生是人类历史进程中最伟大的不停工作着的发明巨匠（左）

一生都持久专注的"工匠"——这样的专注度，爱迪生一直精力充沛地保持到老年（右）

爱迪生文化程度"极低"，但对人类的贡献却如此巨大，他除了有一颗好奇心、一种亲自实验的强烈欲望外，还具有超乎常人的艰苦工作的无穷精力、果敢精神和求得完美的"艺术追求"。对于身边的一切，他都乐观对待直至生命的最终时刻。创造造福于人类的精品杰作是爱迪生一生的事业。

在84年的生命中，爱迪生一直持之以恒、专心致志地为发明而奋斗。除了在留声机、电灯、电话、电报、电影、收音机、复印机等方面的发明和贡献外，他在矿业、建筑业、化工等领域也有不少创造和真知灼见，他为人类的文明和进步做出了巨大贡献。

就像一个受欢迎的表演艺术家

在19世纪末召开的"巴黎世博会"的机械展厅内，最受欢迎的就是爱迪生的"发明作品"展台，人们为了聆听留声机传出的悦耳声音需要排很久的队。在这次世博会中，当爱迪生看到法国摄影家艾蒂安·朱尔·马雷发明的一种连续显示照片的装置，还有乔治·伊斯曼发明的新型感光胶片时，他就产生了利用人眼视觉"暂留效应"研制电影机的念头。1888年，爱迪生开始研究"活动照片"，这得益于当时的连续底片技术，他从乔治·伊斯曼手中将连续底片买回来，请实验室的助手进行研究。

1891年5月20日，爱迪生第一次在实验室展示活动电影放映机并公开放映。这个活动电影放映机是早期电影的显示设备，采用了电影放映的基本方法，即通过在光源前使用发动机来高速转动带有连续图片的电影胶片条（从而使人产生活动的错觉），光源再将胶片上的图片投射到银幕。

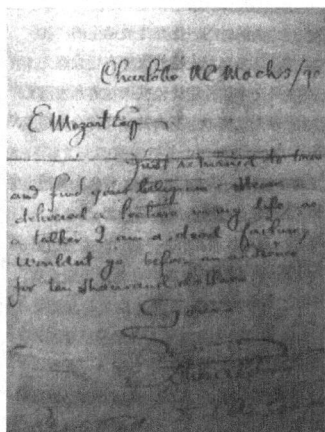

具有流畅艺术线条的手迹——反映了爱迪生连续持久的想象力和创造力（左）
1894年爱迪生早期最重要的发明之一——活动电影放映机，有了它，卓别林的表演才能得以施展并为成千上万人所喜爱（中）
爱迪生电灯泡专利申请图——精确而艺术，特别是他的签名一直保持着那独特的"书法风格"（右）

1889年，爱迪生发明了一种活动电影摄影机，这种摄影机用一个尖形齿轮来带动19毫米宽的没打孔的胶带，在棘轮的控制下带动胶带间歇移动，同时打孔。这种摄影机由电动机驱动，遮光器轴与一台留声机连动，摄影机运转时留声机便将声音记录下来，并且可以连续拍摄图像。这是配套活动电影放映机的设备，没有它，活动电影放映机便成了"无米之炊"。

1903年，爱迪生的公司摄制了第一部电影《火车大劫案》。而在1910年8月27日，爱迪生向公众宣布了把留声机的声音功能和电影摄影机的图像功能合二为一的发明——有声电影。它是在电动机的驱动下，摄影机的遮光曲轴与留声机连动，摄影机运转时留声机就能够记录下声音。放映时，

爱迪生与他的锡箔留声机合影——这是一台完全由他个人发明的机器，他真是"技艺双全"啊

留声机随画面同步运转，使得声音和图像同时出现——这是电影技术和艺术史上的一次革命。从此，卓别林的大多数表演就成为了历史，而活动电影放映机就像另一个备受欢迎的表演艺术家。好莱坞影视艺术的发展又一次得到空前大提速。

留下美妙声音的技艺

1877年，爱迪生改进了早期由亚历山大·贝尔发明的电话机，并使之投入了实际应用，不久他便开办了电话公司。爱迪生和贝尔两家公司在伦敦展开了激烈的竞争。而在改良电话机的过程中，爱迪生发现话筒里的膜板随话声而震动，他找了一根针，竖立在膜板上，用手轻轻按着上端，然后对膜板讲话，声音的快慢高低能使短针相应产生不同变化的颤动。由此他反过来推理，既然说话的快慢高低能使短针产生相应的不同颤动，那么，凭借这种颤动也一定能还原出原先的说话声音，于是他开始研究声音重发的问题。

8月15日，爱迪生画出草图，并让助手按图样制出一台由大圆筒、曲柄、受话机和膜板组成的"怪机器"，制成之后，爱迪生取出一张锡箔，卷在刻有螺旋槽纹的金属圆筒上，让针的一头轻擦着锡箔转动，另一头和受话机连接，然后爱迪生摇动曲柄，对着受话机唱歌，之后把针又放回原处，再摇动曲柄，接着机器就回放出爱迪生的声音。12月，爱迪生公开展示了这台锡箔筒式留声机，轰动了全世界。

爱迪生于1878年宣布了留声机的用途。在《北美评论》上，他对留声机的未来做出了说明：（1）在各种听写工作中，不需要速记员的帮助了；（2）留声机像书本，能对盲人说话，帮助他们学习和工作；（3）教授演讲的口才，练习发音；（4）重复演奏音乐，以供欣赏；（5）家庭记录，用家庭成员自己的声音记录下教导或回忆，以及临终者的遗嘱；（6）音乐匣子和会说话的玩具；（7）钟表能按时清清楚楚地报告回家和吃饭的时间；（8）永久地保存名人讲话，保存方言；（9）促进教育事业的发展，例如将教员的解说收录下来，使学生无论何时何地都能参考，并背诵字母表，或将其他功课收录到留声机中方便记忆；（10）连在电话线上，可以使留声机帮助记载和永久地保存珍贵的留言，可以代替人及时地接收准确的通信信息。

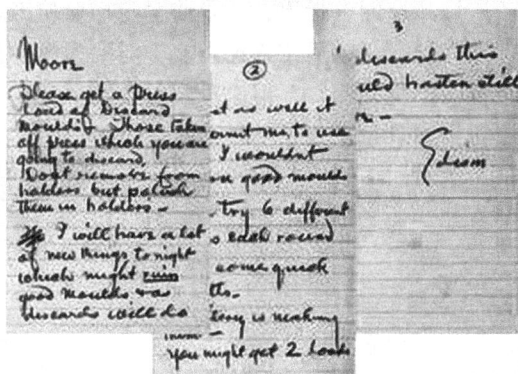

爱迪生留下的手迹（3页）（左）
爱迪生最大的"物化艺术作品"——位于美国珍珠街的发电站是人类第一个中心发电站（绘画）（右）

1887年，爱迪生创办了爱迪生留声机公司，利用留声机技术的盈利，他又完成了更多更大的发明。当时的留声机已可以把声音录制在蜡筒上。这是人类第一次将自己的声音留住，虽然它还有很多不足。

爱迪生第一家电业公司的建立，为产业化的快速发展奠定了根基，它也是今天世界著名企业美国通用电气公司的前身。今天不仅仅是照明需要用电，还有整个家电系列，从电视机、电冰箱到洗衣机……大工业的运转也从他建立的电网中获取电力。而爱迪生的最大贡献在于，他的发明不但能惠及自己，还能拓展到组织团队式的研发体系上，可以说，这是他一生中最为重要的一项发明。

1931年10月18日凌晨3点24分，在美国新泽西州西奥兰治的家中，爱迪生在睡梦中安详离世，享年84岁。为了纪念他，美国政府下令全国停电一分钟，10月21日6点59分，好莱坞、丹佛熄灯；7点59分美国东部地区停电一分钟；8点59分，芝加哥有轨电车、高架地铁停止运行；从密西西比河流域到墨西哥湾陷入了一片黑暗；纽约自由女神手中的火炬于9点59分熄灭。在这一分钟里，美国仿佛又回到了煤油灯、煤气灯的时代；一分钟过后，从东海岸到西海岸又灯火通明，仿佛是科学肖像中的爱迪生突然高举起了照亮全人类的电灯。

美国第31任总统胡佛说道："他是一位伟大的发明家，也是人类的恩人。"许多新闻都报道："爱迪生与特斯拉因在电力方面的贡献而共同获得诺贝尔物理学奖，但两人因不能共同分享这份荣誉而拒绝领奖。"但诺贝尔奖官网证实，爱迪生在1915年获得了诺贝尔物理学奖提名和诺贝尔化学奖提名，而特斯拉是在1937年获得诺贝尔物理学奖提名。如果有一项关于"发明艺术"的奖项，那爱迪生单独被授予是肯定当之无愧的。

不同时代《时代周刊》上的封面人物——他帅气而艺术的形象及其英名将千古流芳、永载史册

数学百科全书般的"散文大师"
庞加莱

科学肖像解析

　　亨利·庞加莱（1854—1912），法国数学家、天体力学家、数学物理学家、科学哲学家。庞加莱的研究涉及数学、物理、科学哲学中的许多领域。他被公认为19世纪后期和20世纪初的领袖级数学家，是对于数学和它的应用具有全面知识的最后一个人。庞加莱在数学方面的杰出工作对20世纪和当今的数学具有极其深远的影响，他在天体力学方面的研究成果是牛顿之后的一座里程碑，而在电子理论的研究方面他被公认为相对论的理论先驱。

　　庞加莱因为高度近视而离不开眼镜。他最著名的庞加莱猜想的表格图景在其科学肖像的手部斜上方呈现——有点海豚跃起或鹅毛笔的感觉，而人像背景则是这个猜想的比喻性图景——一个巨大充气足球模型表面"单连通的"拓扑结构。庞加莱的亲笔签名很有个性，显示了他具有创造性的内心世界。

庞加莱曾经在一篇文章中表达过这样的意思：科学家不是因为自然有用才去研究自然的。他研究自然是因为他从中得到了快乐，他从中得到了快乐是因为它美。若是自然不美，知识就不值得去探求，生活就不值得去过了……他指的是源于自然整体及各部分的和谐秩序、纯粹理智能够把握的内在科学之美。

然而按照现代科学的划分，自然知识体系是分门别类的，且每一科别的知识都深入具体、细致入微。爱因斯坦曾说，只要是进行了深入而专注的研究，每一个领域都会"吞噬"一个人的一生。但偏偏与爱因斯坦及其学说有过"交集"的庞加莱并没有像爱因斯坦说的那样，在较短人生的58年间，他在数论、代数学、几何学、拓扑学、天体力学、数学物理、多复变函数论、科学哲学等许多领域都有过重要贡献，并且在1906年当选为法国科学院院长。更令人称奇的是，他于1908年又以著名散文家的身份成为法兰西学院院士。他不仅被公认为19世纪后期和20世纪初世界的领袖级数学家，而且成为在数学及其应用以及科学与艺术融合等领域具有全面知识的最后一个人。他是具有科学统率作用的人，被誉为"数学百科全书"。

创立代数拓扑学的文学家

庞加莱的父母亲都出身于法国的显赫世家，几代人都居住在法国东部的洛林。庞加莱从小就显出超常的智力——他双亲的智商都很高，其智慧又可追溯到他的祖父。他的祖父曾在拿破仑政权下的圣康坦部队医院供职，1817年在鲁昂定居，先后生下两个儿子，大儿子莱昂·庞加莱即为庞加莱的父亲。庞加莱的父亲是当地的一位著名医生，并任南锡大学医学院教授。

但庞加莱的童年极为不幸，医术精湛的父亲并没有带给他健康。自幼他就患有一种奇怪的运动神经系统疾病，写字绘画都很困难。在5岁时，他又得了严重的白喉病，因而语言能力发展缓慢，视力也受到了严重损害。所幸的是，他有一位善良而有才华、有教养的母亲，她将一生的心血全部倾

学生时代的庞加莱—— 这位"如此美貌，如此年轻的孩子，竟然……预示了著名数学家柯西的一个后继者的诞生"——英国数学家西尔维斯特于1885年见到庞加莱的心情写照

1870年7月爆发的普法战争使得庞加莱不得不中断了学业

注到教育和照料孩子上，由此庞加莱的天资通过家庭教育和自我锻炼开始显露出来。上课时看不清老师的板书，无法记录，他就全神贯注地听讲，用心记在脑子里。

尽管庞加莱在童年时体弱多病，但他还是乐意玩耍游戏，喜欢跳舞。当然，剧烈的运动他是无法进行的。于是，他就特别爱好读书，读书的速度快得惊人，而且能迅速、准确、持久地记住读过的内容——他甚至能讲出书中的某件事是在第几页第几行中。庞加莱还对博物学产生过特殊的兴趣，据说一本名为《大洪水前的地球》的书给他留下了终身难忘的印象。此外他的历史、地理成绩也很优异。最主要的是，他在儿童时期已显露出了文学才华，有的作文被老师誉为"杰作"——这为他后来成为法国以散文见长的卓越文学家奠定了基础。

于1862年进入南锡中学读书的庞加莱，初进校时虽然各科成绩十分优异，但他并没有对数学产生特殊的兴趣。他对数学的异常感觉大约始于15岁，并很快就显露出非凡的才能。1870年爆发的普法战争中，战败了的法国的许多城乡被德军洗劫一空。为了了解时局，庞加莱很快学会了德文。战争结束后他又继续学业，并于第二年两次荣获法国公立中学数学竞赛一等奖，又于1873年以第一名的成绩被高等工科学校录取。据说，在中学读书时，他的老师就赞誉他为"数学

庞加莱双曲几何的一种科学图案（左），它与埃舍尔具有双曲几何或分形几何意味的绘画《天使与魔鬼》（右）在图案形式上具有异曲同工之妙——科学与艺术在某种意义上来讲是有相通之处的

巨人"。此后，他养成了一边散步，一边在脑中解数学难题的习惯，这种习惯一直保持终身。

1905年，匈牙利科学院颁发了一项奖金为10000金克朗的鲍尔约奖。这个奖要颁给在过去25年为数学发展做出过最大贡献的数学家。由于庞加莱从1879年就开始从事数学研究，并在数学的几乎所有领域都做出了杰出贡献，创立了代数拓扑学等，所以此奖项非他莫属。那时，数学界还没设立像菲尔兹奖等那样的数学世界大奖。

庞加莱于1887年当选为法国科学院院士，1899年因研究天体力学中的三体问题获奥斯卡二世的奖金。1906年庞加莱当选为法国科学院院长，成为全法科学的领导人物。令人称道的是，1908年他又以散文家的身份成为了法兰西学院院士——说明他在截然不同的学科方面取得众多成就是有着科学与艺术相融合并放大之基础的。

具有创新头脑的相对论先驱

数学到底是发明、发现，还是艺术？学术界至今可能都无法得出确定结论。然而庞加莱却是一个地地道道具有艺术家般创新头脑的数学家，他对现代数学最重要的影响是创立了"组合拓扑学"。1892年他发表了这方面的第一篇论文；1895至1904年，他在6篇系列论文中建立了这个学科的完整结构。他还引进了许多重要的数学概念并创造了相当多的数学工具，借助它们推广欧拉多面体定理，并得出欧拉–庞加莱公式等。针对庞加莱"正因为简洁和浩瀚都是美的，所以我们优先寻求简洁的事实和浩瀚的事实"等话语，牛顿和贝多芬的传记作者沙利文写道："……没有艺术的科学是不完善的科学。"

除了是数学家之外，庞加莱还是影响深远的天体物理学家，1900年，英国皇家天文学会授予了他金质奖章。受惠于他成就的后辈包括当时正致力于完善狭义相对论的爱因斯坦。

在爱因斯坦之前，庞加莱和物理学家洛伦兹都已在"相对性"这个方向上做了大量的工作，但庞加莱似乎无

没戴眼镜、高度近视的庞加莱——他主要是用头脑去观察物理世界，而不是单单靠肉眼

坐在法国科学院院长"交椅"上——基于庞加莱的文理兼备和广泛创新，他作为一国的科学统领当之无愧

法接受爱因斯坦的狭义相对论，虽然两个人的研究结果几乎是一样的。因此庞加莱一辈子所做的不少关于相对性方面的演讲中，从来就没提及过"爱因斯坦"与"相对论"这两个词；而爱因斯坦也没有引用庞加莱的工作成果，并宣称从未读过它们。

当爱因斯坦的母校苏黎世理工学院聘请爱因斯坦当教授时，庞加莱写了一封信，大大地夸奖了爱因斯坦一番，其中最后一段话非常微妙："我不认为他的预言都能在将来被验证，他研究的方向那么多，因此我们应该会想到，他的某些研究会走向死胡同。但在同时，我们认为他走的某一个方向会获得成功，而某一个成功，就足够了。"

下面一张照片充满了对比的戏剧性。庞加莱（前排右一）和居里夫人（前排右二）等3人似乎完全没有意识到要拍照，他们沉浸在相互讨论和独立思考的状态中，而其他人（特别是正前方的坐与站者）基本上都进入了拍摄状态。此时，年轻的爱因斯坦（后排右二）正好站在庞加莱的后面——这意味着庞加莱似乎是他具有创新头脑的先辈。在1921年的一次讲演

1911年秋第一次索尔维会议——具有对比的戏剧性一幕

中，爱因斯坦还是公正地肯定了庞加莱对相对论的贡献。他说："洛伦兹已经意识到以他名字命名的'数学变换'对麦克斯韦方程组进行了基本解析，而庞加莱进一步深化了这个见解……"

强调直觉先导创新的科学哲学家

1904年，庞加莱在一篇论文中提出了一个看似很简单的拓扑学的猜想：在一个三维空间中，假如每一条封闭的曲线都能收缩到一点，那么这个空间一定是一个三维的圆球。但1905年他发现了其中的错误，后修改为："任何与n维球面同伦的n维封闭流形必定同胚于n维球面。"后来这个猜想被推广至三维以上的空间，被称为"高维庞加莱猜想"。

　　2000年5月24日，美国克雷数学研究所的科学顾问委员会把庞加莱猜想列为7个"千禧年大奖难题"之一。这7个问题被研究所认为是"重要的经典问题，经许多年仍未解决"。克雷数学研究所的董事会决定建立700万美元的大奖基金，解决一个问题可获得100万美元的奖励。

　　大于等于五维的庞加莱猜想被斯蒂芬·斯梅尔证明，四维的猜想被迈克尔·弗里德曼证明，而三维的猜想被具有艺术天分的俄罗斯数学家佩雷尔曼于2002至2003年证明了。他们分别获得1966年、1986年和2006年的菲尔兹奖——每隔20年有一个大奖授予庞加莱猜想，可见国际数学界对它的重视程度。猜想是以直觉为先导的。这与画家在绘画前构思画面的道理相同，它在发明创造中也会起决定性作用；而猜想的连续被证明则意味着猜想者直觉的准确性极高，而这点又与画家的直觉构思有所区别。

描绘庞加莱式的科学与艺术创新的绘画（左）
探索的目光——庞加莱是一个用哲学思想进行探索的科学的艺术家（右）

　　庞加莱曾在《数学中的直觉和逻辑》一文中对"想象的可觉察的直觉"和"纯粹数学的直觉"两种直觉都进行了肯定，他认为它们都是数学创造的主要工具。这与爱因斯坦、汤川秀树等在物理学中认为的"单靠逻辑而没有艺术家般的直觉就什么也干不了"的观点如出一辙。

　　然而庞加莱对直觉的理解和有效利用都是建立在其科

学哲学的基础之上的。他的科学哲学著作《科学与假设》《科学的价值》《科学与方法》均有着重大的影响，是约定主义哲学的代表。约定主义哲学认为科学公理是方便的定义或约定，可以在一切可能的约定中进行选择，但需以实验事实为依据，避开一切矛盾。在数学上，他不同意罗素和希尔伯特的观点，反对无穷集合的概念，赞成潜在的无穷，认为数学最基本的直观概念是自然数，他反对把自然数归结为集合论，这使他成为直觉主义的先驱者之一。

曾在函数论、数论、微分方程、泛函分析、微分几何、集合论、数学基础等领域做出过杰出贡献的法国数学家阿达马这样认为，庞加莱"整个地改变了数学科学的状况，在一切方向上开辟了新的道路"。这一切都发端于他大脑的直觉思维。

谈起庞加莱，大部分数学家都会马上想起一个著名的评价："庞加莱是最后一个数学全才。"这是指其为最后一个在数学所有分支领域都造诣深厚的数学家。同样著名的还有庞加莱本人的一句名言："数学家是天生的，而不是造就的。"在庞加莱之前最近一个被称为数学全才的是高斯。庞加莱一生发表的科学论文约500篇、科学著作约30部，几乎涉及数学的所有领域以及理论物理、天体物理等许多重要领域。他的代表作品有《天体力学新方法》《最后的沉思》等。

力学体系经过足够长的时间后总可以回复到初始状态附近——这就是庞加莱定理的通俗阐述。庞加莱一生中在数学和物理的各个领域都有建树，其中以他名字命名的科学发现就有庞加莱球面、庞加莱映射、庞加莱引理等。值得一提的是，以庞加莱命名的纪念性事物在其去世后仍然有很多：月球上的"庞加莱火山口"、小行星"2021庞加莱"和地球上的"庞加莱大学"等。

庞加莱的纪念邮票（上）和明信片（下）——那带着挂绳的眼镜是其标志性物件

精神分析心理学的"考古艺术家"
弗洛伊德

科学肖像解析

西格蒙德·弗洛伊德（1856—1939），卓越的奥地利精神病医师、心理学家、精神分析学派的创始人。1899年出版的《梦的解析》标志着精神分析心理学的正式形成，1919年成立的国际精神分析学会标志着精神分析学派的最终形成。1930年他被授予歌德奖。他开创了潜意识研究的新领域，促进了动力心理学、人格心理学和变态心理学的发展，奠定了现代心理医学模式的新基础，为20世纪的西方人文学科提供了重要的理论支柱。

科学肖像的创意来自他精神分析心理学中的两个特殊"癖好"：梦和性。他好抽雪茄，烟雾缭绕形成梦境的意味；而他男性身体投影的女性侧影表明了对性的研究在其理论中的地位。此外，太阳的光影与月亮的倒影加强了两性的对比，其名字的外文手书更加衬托了整幅画面的立意。

弗洛伊德曾在一封信里这样写道："像我这种人，生活中怎么可以缺乏激情、癖好、全心奉献的兴趣呢？这个兴趣就是心理学。自从我跟神经症有所接触以来，心理学就迷住了我，也成为我的长远研究目标。"他的"癖好"中有一个最为特殊，那就是梦，而推动他激情的动力来自于性——与后来的爱因斯坦、薛定谔等人激情推动创造一样，弗洛伊德也横跨科学与艺术两大领域。

对梦的研究成瘾，使弗洛伊德的思考逐渐深入。他曾专心诚意地想要了解梦的形成及其意义。虽然有些民俗传说极可能引起他对梦的好奇，但事实上引起他注意的却是患者无休止地向他叙述的那些梦境。逐渐地，梦成为了他的研究主题，进而他对自己做的梦也开始做笔记，并加以分析。于是，捕捉梦境成为这位科学家的重要工作。

弗洛伊德经常说精神分析工作与考古学颇为类似，因为两者都从事的是对"湮没事物"的发掘。自1899年起，他也自己动手收集古代文物，这也就是本篇题目的由来。

用激情打开思考与想象的闸门

弗洛伊德出生于奥匈帝国摩拉维亚省弗赖堡镇（即现在的捷克共和国普日博尔市）的一个犹太家庭，其父是一位善良老实的羊毛商人，母亲长相漂亮，但性格急躁。

弗洛伊德的启蒙教育是由父母在家实施的。9岁时他进入著名的利奥波德地区实科中学读书。在此期间，他学习了希腊和罗马的大量古典文学作品，拉丁语、希腊语、法语和英语都纳入了他的学习范围，他还自学了西班牙语和意大利语。高中时，因受一位朋友的影响，弗洛伊德想成为一名律师。但毕业后峰回路转，他进入了维也纳大学医学专业。在那里，他受到了达尔文进化论思想的影响，并认真阅读了一些经典哲学著作，后来他开始了生理学的学习和实验。1881年，弗洛伊德获得了医学博士学位。

从小时候起，弗洛伊德就注定不会在金钱中打滚。他幼小的内心世界拒绝被干扰。热爱阅读、认真思考和心怀梦想是他坚持自我的"保护伞"。一旦周围气氛不对劲，他就减少与人的交往，洁身自好。从小无所不读的他，即使是与文化无关的书也信手翻看，且吸收能力极强。在学校的课程之外，他大量地阅读古今名著，8岁时就读过莎士比亚的作品——摄取这些作品的内涵为日后建立系统的理论体系作了铺垫，因为莎士比亚书中隐藏的道理是以激情的艺术形式呈现的。

进入中学后，在老师与朋友的鼓励下，弗洛伊德总算与现实世界有了接触，了解到社会的人情世故，跟"新面孔"们进行了交往，并且还吸收了许多新观念。此时，他开始想踏上人生的"人行道"，跟旁人一样走路，抬头挺胸，昂首阔步。虽然仍会被人议论纷纷，他却不再感到被羞辱与委屈了。原本受到压抑的弗洛伊德，在令他可能一生庸庸碌碌的社会风气下，总算找到一道人性可以突破的缺口。从此，他专心学习，不断地扩展知识领域：文学、历史、宗教、神话全都涉猎，并认真地思考与想象，沉迷于以语言织就的知识网络之中。

知识之网总是互相连接的。一个人对他的工作或研究领域再专一或专注，也需要多方面素养和爱好

小弗洛伊德的故事——不用别人催促，这个乡下孩子自己就会往书堆、思想与想象中钻（左）
年轻时就留了小胡子的弗洛伊德与母亲的合影——此时，他的激情思考已不在画面之中（右）

的帮衬。因为兴趣广泛、学识渊博，他在学习上可以触类旁通、举一反三或融会贯通。正因为弗洛伊德爱好广泛并博学多才，他才由一个专业性很强的医生变为一个思想文化的巨人；正因为他有非凡的文学才华，才写出了《梦的解析》《日常生活的心理分析》《性学三论》《精神分析引论》等著名专著。

开卷有益，涉猎广泛，良性循环，书籍丰富了他的知识，也加强了他的求知欲。求知与求生仿佛是同一回事，使他在创作的征途上更加激情四溢，并不断打开他的思想和想象的闸门——精神分析学就是由此倾泻出的思想洪流。

具有考古意味的精神分析学

父辈所累积的机智，到了弗洛伊德这里变为面对困境的幽默法则——后来，就是从这里面他提炼出潜意识的机制和原理，并于1905年撰写出版了《诙谐及其与潜意识的关系》——与爱因斯坦建立狭义相对论是在同一年。同为一个时代的名人，这可能就是他们后来联络的原因。弗洛伊德认为，潜意识的心理虽然不为人们所觉察，但却支配着人的一生。

弗洛伊德的兴趣主要在精神分析学上，而另一大爱好则是一种学院式的语言——文学性较强，辞藻华丽，引经据典，无时不忘古往今来的伟大人物——无论歌德、席勒、荷马或莎士比亚，在典籍里都被提升为神话式人物。这些英雄不断成为弗洛伊德自我期许的典范，使他立志一生为大计划、大构想的实现而努力。他大学时学医并不是为了行医，而是为了获求知识，这是弗洛伊德奏响他的人生"主旋律"前的一段"序曲"。

步入事业正轨后，曾用催眠术进行心理治疗的弗洛伊德进一步发明了一种他称为"自由联想"的方法。他把人的心理历程分为3层。上层为意识，中层为前意识，底层为潜意识。弗洛伊德认为，通过患者的自由联想可以挖掘出深埋在患者心里底层的动机或欲望，即弗洛伊德真正的兴趣是那把解剖无知觉世界的手术刀。1896年，他给这种方法起名为"精神分析"。

他认为精神分析工作与考古学性质类似，因为两者都是从事对"湮没事物"的发掘。后来他竟然收集起古董来——这种考古的艺术伴随着他精神分析的技术一道成熟。他所热爱的古代人物雕像，对他连贯古今的企图，发挥了不小的作

《心理治疗》——比利时超现实主义画家马格里特的作品，反映了心理治疗的几个基本要素

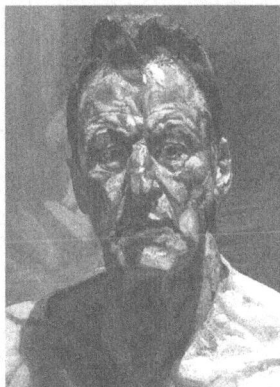

20世纪现代主义画家卢西安·弗洛伊德——弗洛伊德之孙自画像（其面相和才艺都有遗传的迹象）

用。他有关潜意识运作的理论自1920年起，首先吸引了“社会边缘人”——超现实主义者。

没有任何一位患者会想到弗洛伊德的精神分析工作室原来是这样一种景观——这里就像是一个古物博物馆。古物来

如同小说家，弗洛伊德就在这张书桌上写作——此时古代雕像有两个作用：体现考古爱好与用于精神分析（左）

古物来自埃及、希腊、罗马以及远东，举目四顾尽是古代雕像，它们被弗洛伊德倾注了自己的想法（右）

自埃及、希腊、罗马以及远东。举目四顾尽是古代雕像，这些艺术品被弗洛伊德倾注了自己的想法。这里给人年代久远的感觉。往昔的雕像虽然不言不语，其沉默却胜于雄辩。来访患者可以在这里追溯自己的根源以及烟消云散的往事。

弗洛伊德不但喜欢收集文物古董和进行考古，将考古与精神分析相提并论，他还喜欢诗歌与雕塑，对绘画与建筑也很有兴趣。精通古典文学的他对文学名著涉猎广泛，并时常引用和将其作为例证写进自己的著作中——有非凡的文学才能的他被公认为德语散文大师，曾获歌德文学奖。

特殊癖好——梦的文学性解析

弗洛伊德喜欢文学对他的专业不无帮助，当他全神贯注于梦的解析的时候，就把梦境当成文字、谜语或密码来诠释——这就是本书的主题：知识的丰富性、多样性、跨界性会产生意想不到的奇特联想或博大思想。

弗洛伊德的梦境有两种内涵：一个是表面内涵，也就是说梦境里的所见所闻，或事后在白天所记得的梦中情景；另一个则是潜在内涵，也就是说梦的含意、潜意识与梦相关

的事物。既已区分出梦的两种内涵，接下来就要分析梦，即予以拆解，把看似一个整体的梦分解为各个组成部分，以便从中了解梦的部分真相。梦中的元素，无论言语还是形象，都构成了梦的整体。每一个元素都是经由自由联想而组成梦。联想就像是一连串的跳板。通过这些跳板，我们可以找到真正的思想、记忆或情绪，但这些要素却不见得会直接在原来的梦境中突显出来。

梦犹如文字篇章，是由许多有所意指的元素相互交错、连贯而成的。但这些元素彼此之间并不一定有关联，凑在一起也不见得合乎逻辑。正因如此，弗洛伊德有时把梦视为某种精神病的体现。这些互不相关的元素经过自由联想而连接起来：要是把它们拆开，个个都是密码，指向梦的潜在思想，做梦的人却是知而不觉。弗洛伊德认为，梦是做梦者变了样的个人生活经历和变了样的思想，因此也只有针对个别的做梦者进行解析，才能明了其含意。

弗洛伊德理论的创作序曲始于1895年，当时他将与人合作的成果写成《歇斯底里症研究》一书，为其精神分析学的创立奠定了理论基础。在此书中，弗洛伊德在医学史和心理学史上第一次使用了"精神分析学"这个概念。两年后，弗洛伊德又开始了他的自我分析。进行自我分析的主要方法是分析自己的梦——这使人想到达尔文为了得出生物进化的结论，除了观察自然选择，同时还进行了人工选择。最后弗洛伊德认为心理障碍是由于性紧张累积而引起的。

他把分析的结论写成了《梦的解析》一书并于1899年出版。该书后来被许多人推崇为弗洛伊德最伟大的著作，然而也遭受了大量批评。不过，有哪个伟大科学理论的诞生没经过惊世骇俗的过程呢？哥白尼的"日心说"、达尔文的生物进化论，还是爱因斯坦的相对论？

弗洛伊德不仅革新了心理学，创立了心理病理学和心理

1900年的一天，弗洛伊德在一封信中写道："你说某一天是不是会有一块大理石牌匾挂在这幢房子上，写明'1895年7月24日，梦的神秘就在这房子里由弗洛伊德医生揭示'。"他印证了"梦就是欲望的实现"

治疗系统，而且他在社会学和人文领域也是一位有很多独到看法的人。他写了《图腾与禁忌》（1913年）等5本主要学术著作，其艺术观点始终贯穿于他的精神分析理论之中。

英国生物学家A. G. 坦斯利在评论弗洛伊德的写作风格时说："尽管弗洛伊德在写作时表达不是很系统，有时候会有含糊不清或不一致的情况，但他的行文风格优美、流畅、明晰而优雅，读起来让人很愉快，每个句子都意蕴深厚。"

弗洛伊德认为，艺术家就像一个有精神病的人，从一个他不满意的现实中退缩回来，钻进他自己想象出的世界中。他的创作、艺术作品正如梦一样，使潜意识的愿望获得了一种假想的满足。尽管弗洛伊德的这些思想如同他的整体精神

工作之余弗洛伊德和爱女安娜·弗洛伊德一起散步（左）
一张张古代雕像的脸就像叙述梦境者的表情，或忧郁、或亢奋、或迷茫——这需要高超的"考古"艺术（右）

分析大厦一样缺乏坚实的基础，并且没有充足而严密的科学证明，但他却受到诸多文学家、艺术家的盛赞。可以夸张点说，随便翻开西方任何一本文艺评论的书，我们都能够找到弗洛伊德的名字或看到他的影子，因为许多艺术家正是以他的理论提供的原则来指导自己的创作实践的。

精神分析作为一种心理学派，对人类心理的健康发展起了巨大的推动作用，而且在当今许多国家，特别是在美国，弗洛伊德主义和新弗洛伊德主义作为一种哲学思潮在一般的意识形态中得到了广泛的传播。它不仅影响了西方当代的文学艺术，而且对宗教、伦理学、历史学也产生了深远的影响，弗洛伊德的著作《图腾与禁忌》可以说是这种影响的代表。

创建性动力源的天然兴趣

席勒曾经说过："哲学尚未加入天地运作以前，食色性也，大自然就靠这两样维系世界。"

随着病例的增加，弗洛伊德已经注意到，那些被认为是心灵的创伤的事情总是与性的内容有关，而心理障碍则是由于性紧张累积而引起的。于是他开始以此为线索，从性欲的观点说明人的行为。例如，美就是来自于性欲的满足，没有这种满足，无从谈美，据此我们可以解释爱因斯坦和薛定谔关于性爱和创立科学美的关系的论述。弗洛伊德写道："美的享受，产生于一种非常迷人的感觉""不可否认，它来自性欲……"可见弗洛伊德把审美感受看成性的感受，认为性是作品传达的意义和读者欣赏的真正的东西。他把人性中比较崇高的对他人和社会的无私的爱解释为性爱的扩散，即避免对性爱对象的过分依赖而把爱的能量转移到他人身上的结果，借以说明人类群体相互团结和文明得以巩固的心理原因。

随着《梦的解析》一书的出版，精神分析运动逐渐发展起来，弗洛伊德理论的影响得以扩大。这时在弗洛伊德周围聚集了一批年轻的学者，他们成立了"星期三心理研究小组"，或称"维也纳精神分析小组"，1902年发展成立了心理分析协会。当时参加的人后来都成为了杰出的精神分析学家，包括阿德勒、兰克、费登和荣格。

后来，弗洛伊德的社会文化观又促使其把精神分析的理论和方法用于分析社会历史现象，从而使精神分析超出了精神病学和心理学领域，广泛涉及人类诸多的社会文化领域。弗洛伊德的社会文化观的基本观点是人性和人类文明相对立。他所理解的人性就是人的本能，特别是性本能；文明或文化就是人类社会生活本身。他认为，文明发展的动力只能来自于对个人本能的压抑或升华。

弗洛伊德根据上述理论来阐述社会文化现象，主张文学家和艺术家必须把他们被压抑的性爱冲动

弗洛伊德（前左）和荣格（前右）等合影

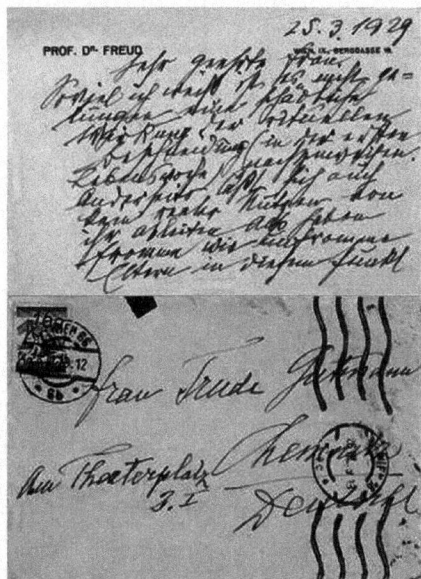

信件手迹——弗洛伊德的字迹组合犹如梦中行进的波浪

升华到创作领域，才能在想象中满足自己的本能欲望，而不被它强大的能量所压倒。同样，文学和艺术品的读者与观众在阅读、欣赏作品的过程中，也能使自己的性爱冲动得到释放。

如果一个人的伟大程度可以用他对后世的影响来衡量，那么弗洛伊德无疑是最伟大的心理学家。几乎没有一个探讨人性的问题没有被他触及过。他的学说影响了文学、哲学、神学、伦理学、美学、政治学、社会学和流行心理学。他和达尔文、马克思可算是近世西方思潮的3位先知，他还公开宣称和哥白尼、达尔文站在同一战线上……

歌德的影响和达尔文的《物种起源》终于让弗洛伊德锁定了人生目标。他认为获取知识不是最终目的，关键是融会贯通地将其用于创造——这才是弗洛伊德的最大关注点。他并不像一般平庸的科学家包括思想家那样呆板乏味，相反，他极具幽默感，其撰述严谨科学而又妙趣艺术。他的学说不仅在心理学方面有卓越的贡献，而且几乎影响了人类知识的每一个领域，他是20世纪最伟大的、带有艺术性的思想家之一。

不同时代的《时代周刊》封面人物：弗洛伊德——无论何种姿态，他都兼具科学家和艺术家的锐利目光

探究人类内心情结的"手艺人"
荣格

科学肖像解析

卡尔·古斯塔夫·荣格（1875—1961），杰出的瑞士心理学家，人称"世界心理学鼻祖"。1907年他开始与弗洛伊德合作，二人一起发展及推广精神分析学说长达6年之久，之后他创立了荣格人格分析心理学理论，提出"情结"的概念，把人格分为内倾和外倾两种，主张把人格分为意识、个人无意识和集体无意识3层。他曾任国际心理分析学会会长、国际心理治疗协会主席等，创立了荣格心理学学院。他的理论和思想至今仍对心理学研究具有深远影响。

习惯于低头思考、眉头微皱、常吸烟斗的荣格形象是其科学肖像的创意主体——一个伤痕下的灵魂医者的形象，其烟斗冒出的烟雾来自他80岁时所作的画《向创造鞠躬》（出自荣格隐秘的《红书》）的部分形象以及古埃及（公元前近2000年）神话传说的木画叠加，说明了"只有受过伤的医生才能治愈病人"。

"**伤**痕下的灵魂医者"——这可能是对荣格这位伟大的20世纪心理学巨人的公认描绘。然而，作为精神分析学界的先驱，他将其影响拓展到了非常广泛的领域，诸如医学、心理学、艺术、文学、宗教、科学以及其他人文学科等。他宽广的视野始终在为我们指明一条道路，这条路还衍生出了很多分支：人类潜能运动，深度心理学对精神的革命性理解，对于生命及其目标的广泛普遍的观念。

正如我们所知道的，荣格涉猎了新人类的许多方面。尽管内心存在着众多的形象，尽管经历了和客观真实一样惊人的主观真实，他仍然完全地生活在现实中并拥有敏锐的感觉。他创造出"情结"的概念，并因为在文化艺术领域特别是在绘画和雕刻方面的成就，被世人尊为"艺术家或手艺人"。对他而言，意识是一个连续体，他能够随着意识徜徉在任意深度和范围中。

建立分析心理学的艺术家

荣格1875年出生于瑞士的凯斯威尔，家里的8个叔叔及外祖母都是神职人员，父亲也是一位虔诚的牧师。他有两个哥哥，但都在他出生之前夭折了。由于父母不和，母亲的性情又反复无常，自小荣格便是个奇怪而忧郁的孩子，他大都是和自己做伴，常常以一些幻想的游戏自娱，是母亲埃米莉培养了小荣格对神秘主义的兴趣。

正如后来荣格一直在向我们表明的，没有了神话就没有了我们的文化，没有了宗教和信仰，也就没有了艺术、建筑、戏剧、典礼、史诗、社会习俗，甚至是精神障碍。那样的世界将是一个暗淡的世界，没有任何事物会召唤我们走向奇妙而美丽的国度，即使我们试图教化那个世界，它也仍会堕落。

以神话和宗教为基础的心理学认为，我们既应该有勇气治愈身上的旧毒和老伤，也应该有勇气走进蕴含各种能力的内心的藏宝库，把这些"宝贝"变成我们手中的工具，演奏出内心最强大的音乐之声。

到了6岁之后，荣格开始上小学，父亲开始教他拉丁语课程。随着和同学们的相处，荣格慢慢发现了家庭之外的另一个自己。多年之后回想起来，他将自己分成了两个人格：一号和二号。一号人格表现在每天的日常生活中，此时的他就如同一般的小孩，上学念书，专心、认真地学习；而二号人格犹如独特的大人一般，多疑、不轻易相信别人，甚至远离人群。

学校的生活对荣格起到了更长远的塑造作用，为他从一个孩童成长为社会一分子做了适应准备。如前所述，作为一个孩子，荣格小时候就发现了自己有两种迥异的性格：一种是外向的、社会适应性良好的，而另一种是内向的、本真的——这种对性格内向和外向的区分及两者的内涵直到21世纪的现在还被全世界各地的人们所认可。它不禁使我们联想到爱因斯坦小时候思考如何追逐光速、长大后创立相对论的故事，而相对论直到今天还在引力波等方面给我们以指导。

不论思想理论如何变迁，荣格对于大自然深刻的热爱都伴随了他的一生。就在早期，这种热爱是通过与植物、动物、泥土、岩石、河流和湖泊建立直接的联系表现出来的——这是一种朴素而充满了孤独感的乡村生活方式。名为《梦·记忆·思想》的荣格自传生动地描绘了他童年和成年后的内心世界。

儿童时期的荣格——发型时尚，天资聪慧，"洞察"事物……

从某种角度看，荣格应该成为一名艺术家或文学家，这从他后来的写作与艺术创作中就能看出来。然而他遵从了内心的意愿。起初他的求学计划是修习自然科学或人文科学，他甚至曾想成为一个考古学家——这种爱好很像在他之前的、同为心理学大师的弗洛伊德，但弗洛伊德对古董的兴趣坚持了很久。最后，一个交织着科学、艺术、宗教文明和异国文化等的头脑却由分析心理学的研究艺术激活了全部的脑细胞，荣格获得了"世界心理学鼻祖"的尊号。

荣格艺术家的完整内心旅程被记录在他的《红书》中——它模仿中世纪手稿的书写格式写成，具有十足的符号化特质。荣格采用众多的绘画来展现他心理艺术家的经历。它是关于荣格生活的一本史诗般的书，在他去世58年后才向人们打开。该书揭示了这样一个事实：能量是原始的，

《荣格自传》中文版——我们能从老年的荣格身上看出其幼年的形象吗

《被逼入角落的阴影》——来自《红书》的一幅绘画，描绘了荣格的绝望和孤独，也展现了他绘画艺术家的才华

旅途是曲折的，而这也就是荣格心理学理论的根基。

"我追寻内心意象的那些年是我生命中最重要的时刻……也正是在那时，我开始专注于精神作用的研究……为了从我在那个时期的科学工作中提取那些我经历的和记录下的事情，我花费了几乎45年的时间……正是这些材料迫使我一直工作……它是我一生工作的最主要的材料。"这段《红书》中的"内心独白"，记载了一位建立分析心理学的艺术家的心路。

塑造人格整体论的"手艺人"

人格整体论是荣格分析心理学的核心理论。他把心灵作为心理学的研究对象，并认为心灵是一个先在性的概念，与精神和灵魂等同。心灵是人的一切"软件"内容的载体，如思维、情感、行动等一切意识到的和一切潜意识的内容。人格的原始统一性和先在整体性，不仅在理论上追求心灵的整体综合，而且在临床上要求恢复人格完整。因此分析心理学的方法论实质上是一种整体论。

1895年荣格进入巴塞尔大学主修医学——这种早年学医的经历似乎也同弗洛伊德一样。他在校期间就曾发表过关于心理学的演说。大一时，他对论述精神现象的书尤其感兴趣。毕业后，荣格又选择了精神医学方面的课程并进行临床实习，但课程内容却不如想象的那样吸引人——这也为他对心理学进行改造埋下了伏笔。

在《荣格自传》中，凭借对自己心理转变过程令人叹服的理解和洞察，他自己的个体化历程被完美地呈现在书中。个体化历程是心理自我实现的过程。通过感受更深层次的心理并对其进行整合，个体化历程让人们变得完整。我们成为我们自己，进入了俗世生活和精神生活平衡的自然状态。就像雕琢某些完整结构造型的手艺人一样，荣格将当时自己对人格的一知半解编制成了整体化的知识体系或称为"人格整体论"的整体图景。

荣格分析心理学中文版——《心灵深处的秘密》

在第一次世界大战兵役生活的最后两年中，当荣格作为医疗队的医生以及英军战俘营的指挥官驻扎在瑞士时，模糊的理解便开始形成了。每天早上，他会在日记本上勾勒出一幅圆形的图画，而这幅图似乎对应了他当时的内心状态。他把它们称为"曼荼罗"——"圆形"的梵文音译，它以一个中心点向外辐射，展现出了多种多样的形式。荣格发现它们是人类能量形式的通用表示符号。

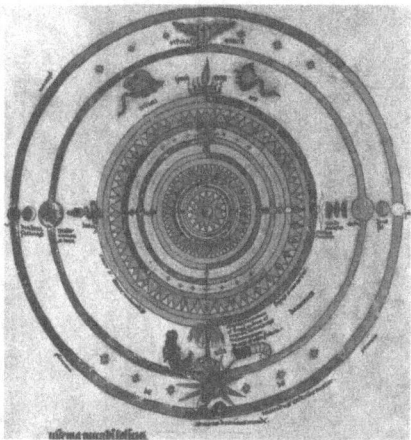

《系统的世界》，荣格1916年所画——他的第一幅曼荼罗画，描绘了完整的自我与宇宙的关系

正是在这些画的帮助下，荣格能够观察到自己内心一天天的变化。他的曼荼罗是关于自我状态的密码。从那里，他看到自我——完整的存在——在积极地发挥着作用。确实，在最初的时候，他只能模模糊糊地理解它们，但是它们对他似乎非常重要。他守护着它们，就如同守护着珍贵的珠宝一般。荣格清晰地感觉到，它们是一些居于中心位置的东西。渐渐地，他发现了曼荼罗的真正含义："形成、转化、永恒精神的再生"；它就是自我，人格的全部。

他认为，自我好像单细胞生物，是"我自己的世界"。曼荼罗代表了这个单细胞生物，符合个人精神的微观本性——他"自我与宇宙的关系"的图画会给熟悉哥白尼"日心说"中行星轨道同心圆关系的人一种似曾相识的感觉。不管怎么讲，荣格的鲜活生活让人们看清了他给我们留下的挑战：成为完整的、有意识的现代人类。

雕刻木石和心灵的"工匠"

在写"荣格篇"的一年前，我买了一本《世界心理学鼻祖：荣格传记》，此书直接引用了荣格自己的话来描述他在漫长一生中的本性和精神之旅，同时又对他人格整体论的核心工作作了一次精彩的综合分析。从本质上讲，此书也是在介绍由深层的心理成熟通向神圣之地的方法。

这本书的作者克莱尔·邓恩对分析心理学主题所拥有的

一幅"自我与宇宙几何关系"的图画——似乎表明了荣格的人格整体论

"工匠"荣格的木头玩偶雕刻

敏感神经让我们有机会了解荣格的各个方面——他的矛盾性和包容性以及人性中的缺点和优点，他的伟大和创造力。我们从书中了解到荣格竟然是这样一个人：一方面，他毫无疑问是一位出类拔萃的心理学大师；而另一方面，他也是一个朴实的、会雕刻木石和心灵的"工匠"。

人们可能会拿荣格与弗洛伊德作比较，因为他俩都是世界心理学的泰斗式人物，且都拥有艺术性心理学家的气质。弗洛伊德曾经公开宣布无意识的存在，以及它在决定我们的情感和行为时的重要性，但是他的观点最终被证明太过简化。整合文化和无意识、历史和原型的重任留给了荣格。而荣格关于身体和精神不断相互作用并发展进化的研究，以及他的心理学遗产直到今天仍然对全世界有着深刻的影响，他以"工匠精神"建造了属于自己的牢固的理论王国——"内部和外部""心灵和世界"。当荣格作为第一个开创者前行时，他为我们提供了一种理解他人的新方式。

联系东西方的文化使者

荣格是在世界各地为了探究生命的本质而奋斗的新人类的典型代表。他的作品是联系东西方文明的一座重要桥梁，也是将东西方文化与纵贯南北的萨满信仰相联系的一个纽带。为此，他做出了无可估量的贡献，理应被称为联系东西方的文化使者。身为一个正宗的西方人，荣格对于东方精神世界的第一个记忆是母亲大声为他朗读的一本书，这本书很旧并带有印度教诸神的插画，这激起了他后来对东方文化的兴趣。

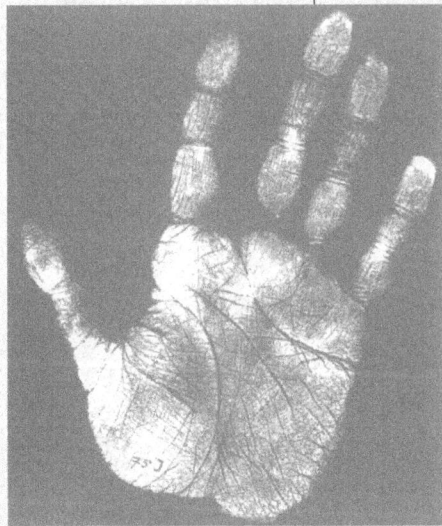

劳作的手掌——据《荣格自传》介绍，此掌印说明了他身体强壮和想象力丰富

他也是第一位揭示欧洲及其衍生文化特征的人。荣格认为，欧洲及其衍生文化沉醉于技术和客观世界的迷障中，可悲地缺失了对建立于历史发展其他阶段的原始和土著文化的精神世界的、主观复杂性的觉知，比如像古代中国对世界本源那样的整体性认知。这所导致的"文化冲突"带来了不可避免的结果，并不单单是战争，还有影响学术发展的东西。

在荣格漫长的一生中，他持续地在心灵中发现了很多种文化的痕迹，并且研究这些文化为他提供的各种各样的知识和智慧。在内心想象的世界中，他有朋友，也有盟友。他指导他的病人去寻找同样的东西，甚至是去寻找一个人内心深处真实的原型搭档和同伴。他会定期游历他的灵魂发源地，从生命和精神不竭的泉水中汲取营养、积攒力量。他的日常生活看上去就像是他的精神力量的展示和运用。他的光芒，随着他的同情心和脚踏实地的存在，影响了每一个与他相遇的人。尽管存在相反的证据，但他承认在人的身上隐藏着神性，并且他所拥有的大量的技术和知识都被他用来唤回人类自身可能的人性。

《1914年的想象》——荣格在《红书》中收录的自己所作的想象第一次世界大战情景的插图（1920年作）

让地域性的生命活动融入宏大的宇宙生命活动之中，是荣格最杰出的成就之一，这与相信"人择原理"的宇宙学家的态度一样。他曾经写道："如果在此时此刻，我们能够理解和感受到我们与宇宙苍穹之间的联系，我们的欲望和态度将会改变。在最后的分析中，我们将仅仅会去找寻生命中必需的部分……"当我们退回到生命的早期阶段探寻被遗忘的秘密时，常常会发现隐藏的潜能、未被满足的欲望的种子（在神话中，它们常被隐喻为神秘的帮手或者强大的护身法宝）。

运用上述理论来阐述社会文化现象，荣格认为文化的最后成果是人格，"不是歌德创造了《浮士德》，而是《浮士德》创造了歌德"，没经过激情炼狱的人从来就没有克服过激情。在文学作品研究中，不仅要从作者的背景出发，以人格分析的方法进行研究，而且要从作品主人公的角度分析作者人格。

美国人喜欢弗洛伊德，也喜欢荣格——他晚年的形象出现在了《时代周刊》的封面上

奏响现代物理交响乐的"音乐巨匠"
爱因斯坦

$$E = Mc^2$$

科学肖像解析

　　阿尔伯特·爱因斯坦（1879—1955），德裔美国科学家，现代物理学的开创者和奠基人之一。20世纪末，他被美国《时代周刊》评选为"世纪伟人"。他的名字与"相对论"密不可分：他于1905年建立了狭义相对论，于1915年创立了广义相对论——也称为爱因斯坦的引力论。他由于光电效应等的发现获得了1921年诺贝尔物理学奖。

　　爱因斯坦的形象以及他的质能关系式等，已成为世界科学领域的图腾——在我们这颗星球上几乎无人不晓。科学肖像展现了原子弹爆炸的蘑菇云图景与爱因斯坦1905年写下的 $E=mc^2$ 手迹，综合表现了他具有巨大科学发现能量的伟大形象。

爱因斯坦是生于德国的犹太人，1955年辞世于美国。他为相对论、量子论、宇宙论等现代物理学的众多领域奠定了理论基础，现代科学技术广泛应用的诸多方面，如原子能、激光、引力波等都和他的名字相连；在其理论与形象的深刻影响下，人类开创了现代科学新纪元。

爱因斯坦能够成为有史以来最伟大的理论物理学家，其中一个突出的原因，就是他同时在宏观与微观及其结合的众多领域为现代物理学奏响了划时代的交响乐。他所创建的狭义和广义相对论应该是人类思想在物理学上的划时代硕果，光电效应等成就也奠定了他作为量子论早期发展者和助推者之一的地位。回顾过去的几个世纪，历数像麦克斯韦、达尔文、巴斯德、拉瓦锡等伟大的科学家，只有牛顿，才是一位科学成就足以和爱因斯坦媲美的伟大人物。而在牛顿之前，恐怕再也找不到这样的人了。

音乐给了他认识世界的一把钥匙

爱因斯坦一辈子酷爱音乐，尤其喜爱拉小提琴，时而也即兴弹弹钢琴；他最喜爱巴赫、莫扎特的作品，还有一些早期意大利和英国作曲家的作品。他甚至说过："没有早期的音乐教育，干什么事我都会一事无成。"对爱因斯坦的研究表明，美妙而律动的音乐旋律确实曾给他带来过无限的遐想，促使许多分立的物理概念在其大脑中有机连通，进而引发了20世纪初的物理学变革。

爱因斯坦对音乐的兴趣与他母亲的教育有着直接关系。五六岁时他开始学拉小提琴并初识乐理，一直持续到13岁。一生坚持拉小提琴的他，直到老年觉得力不从心了才渐渐放弃。虽然对于他的演奏水平人们评价不一，但与他同时代的所有著名音乐家都想与他一同演奏。

无论他的音乐天分如何，音乐对他显然都是至关重要的。因为他同时也是个梦想家，借助音乐的翅膀他的思绪能够飞扬——人们往往在人文学科中会看到这种气质，却较少将它同自然科学挂钩。也许正是这种气质的存在才造就了这位极富独创性的科学家。"如果我不是物理学家，也许我会当音乐家。"据说爱因斯坦1929年曾这样说，"我经常思考音乐，生活在音乐的梦幻里。我用音乐看待人生……我的小提琴给了我最大的欢乐。"

大学时期的爱因斯坦——眼神中充满了对生活和未来事业的美好向往

爱因斯坦的广义相对论手稿——就像作曲家书写的、流动着的五线曲谱

音乐对爱因斯坦的帮助极大。在大学毕业的第二年，1901年4月的一天，忍受着失业痛苦的爱因斯坦向他的同学、后来为他找到广义相对论研究数学工具的格罗斯曼致信，声称他已拥有了探索自然界统一性乐趣的最美丽的春天，是音乐和音乐方面的朋友们把他从潦倒的处境中拯救了出来。

对音乐的爱好使爱因斯坦结交了一些专业以外的有趣朋友。这其中就有比利时国王和王后，他称国王和王后为"王家"，就好像他们姓"王"似的。爱因斯坦曾于1930年从比利时首都布鲁塞尔寄给第二任妻子艾尔莎的信中描绘过他在"王家"受到的格外热情的款待：开始纵情谈话约一小时后，来了一位英国女音乐家，于是他们就共同演奏了三重奏和四重奏。在场的还有一位奏乐的宫女，就这样大伙一起开心地合奏了数小时之久。

就在爱因斯坦成名20多年后的1939年，一个机构向他发出问卷，询问他的音乐爱好。他说他在音乐中不会去寻找逻辑上的东西，所依赖的只是直觉；并且强调他不了解音乐理论，但如果从直觉上不能抓住一部作品的内在统一性（即结构），他是不会喜欢它的——这似乎与他认识和建立物理学理论的方法如出一辙。

　　喜欢听古典音乐，特别是和谐优美、具有一致性的音乐作品是爱因斯坦一生的爱好，这说明音乐给他带来了愉悦，并促使他的大脑产生幸福感，更重要的是这解释了为什么他的物理学总是给人以古典音乐的"形象感"。爱因斯坦的物理学确实给人一种艺术感，依他自己的意思，就是每当他产生抽象成果前总要有形象的图景产生于脑海之中，然后再用数学的方法去粗取精、去伪存真——2015年9月，恰好是爱因斯坦"科学艺术杰作"广义相对论诞生100周年之前两个月，美国科学家探测到了"引力波"，这个概念最初被认为是形同水波的涟漪——可见不论科学还是艺术作品，想象力基础上的创造是多么难能可贵。

　　了解爱因斯坦成长史的人可以这么说，是音乐首先给了他认识自然世界属性的一把钥匙，使得他在物理学的研究上也那么相信直觉和灵感，这让他的物理学概念的建立（相当于作品主旋律的确定）颇具"艺术感"，而推理和演算（相当于具体谱曲）变得只是一个时间问题了。

研究领域如同演奏的音乐一样丰富

　　爱因斯坦物理研究的领域如此广泛，以至于若在许多方面追根溯源的话都能找到他留下的痕迹。就在狭义相对论的理论建立两年后，爱因斯坦因不满足等速运动下的相对性理论，提出有必要把相对性原理从等速运动推广到加速运动，其基础就是惯性质量同引力质量的相当性。从1912年开始，他与大学好友M.格罗斯曼合作，用张量分析和曲面几何作为数学工具，终于在1915年建立了广义相对论，1916年的论文《广义相对论的基础》就是这项工作的总结。

　　再拿量子理论来讲，虽然后来爱因斯坦逐渐淡出了这一研究领域，并声称上帝不会掷骰子，

"最幸福的骑行"——甩在车后的运行轨迹正是爱因斯坦的广义相对论场方程（刘夕庆　作）

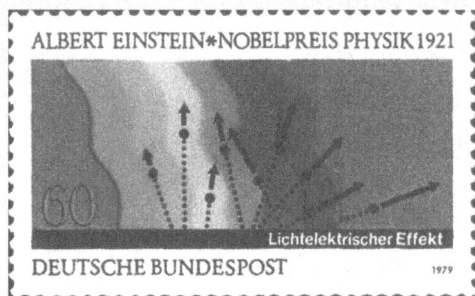

ALBERT EINSTEIN＊NOBELPREIS PHYSIK 1921

60

Lichtelektrischer Effekt

DEUTSCHE BUNDESPOST　1979

1979年，爱因斯坦诞辰100周年之际，为纪念他1921年因解释光电效应荣获诺贝尔奖而发行的邮票

但他却是量子力学诞生最早的推动者之一。

光电效应最先是由德国物理学家赫兹于1887年发现的，而正确的理论解释则由爱因斯坦在他的"奇迹年"（1905年）做出。爱因斯坦认为，光子的能量并非均匀连续分布，而是负载于离散的光量子，光子的能量与其所组成的光的频率有关。我们认为，这种对自然光子频率的认识和对音乐艺术频率的认识是一致的。而相对论是以一种想象活动为基础，爱因斯坦进入了梦想家、诗人、艺术家的领地。这是他最让人们感兴趣的地方。

$$G_{\mu\nu} = 8\pi G \cdot (T_{\mu\nu} + \rho \wedge g_{\mu\nu})$$

独奏出"引力场方程"的旋律——广义相对论是爱因斯坦物理学登峰造极的"艺术杰作"（刘夕庆　作）

他的继女婿后来描述音乐与爱因斯坦的故事时讲到，爱因斯坦几乎没有一天不拉他的小提琴，而且通常是由著名的钢琴家伴奏，演奏奏鸣曲和协奏曲；他也喜欢室内音乐，同杰出的职业音乐家一道演奏三重奏和四重奏；并且乐于应允在慈善团体举办的音乐会上演奏。这时的他，就会完全被带进音乐王国，沉湎于丰富的幻想或快乐的冥想之中。

爱因斯坦的小提琴独奏就好像他1905年提出的光量子理论，独立、完美地解释了光电效应，且一蹴而就；而二重奏则如同狭义相对论的建立，揭露了力学运动与电磁运动两者的根本一致性，并且质量和能量两者相当；四重奏就好似他创立的广义相对论，时间、空间、质量和能量四位一体，更深层次地揭示了时空、物质、运动与引力之间内在的统一性；而他的宇宙论与统一场论可能就是他所幻想的恢宏交响乐，宇宙在整体上是和谐统一的。

爱因斯坦曾形容"惯性质量同引力质量的相当性"之灵

感是"我一生最幸福的思想"。能把科学探索的灵光一现当成幸福的人，是何等的人物啊！

物理学与艺术有着共同的目标

爱因斯坦之所以能做出登峰造极的研究成果，是与他超出常人的自觉认识有关的，即很多表面看来极不相干的事物，他都能找到其中的联系——这也就是说，在别人看来很难的事情，他却解决得轻松自如。譬如，爱因斯坦建立的狭义相对论就是应用在惯性参考系下的时空理论。它认为空间和时间并不相互独立，而应该由一个统一的四维时空来描述——这是一个自牛顿以来人们想都不敢想的事情。

脑门上的"科学旋律"（刘夕庆创意）——将音乐与物理相融合的方法已深入爱因斯坦的骨子里

在广义相对论发表20多年以后，爱因斯坦对自己的学生英费尔德说："要是我没有发现狭义相对论，总有一天也会有别人来发现它；但是我认为，广义相对论的情况不是这样。"

有人说，这话直到今天还是正确的，也就是说，如果没有爱因斯坦，人类恐怕直到今天也不会有广义相对论。本来一切重大的科学理论，都是科学发展到一定阶段后的必然产物，说它完全依赖于某个人，这未免太绝对了，然而广义相对论的诞生似乎却是这样。物理学当时的发展根本没有给创立广义相对论以什么条件和机遇，它几乎纯粹或完全是爱因斯坦那艺术的天才大脑的产物——可以说，广义相对论如同一个伟大画家创作的一件不可复制的精品巨作——当然，它是一件由科学大师创作的科学性艺术品——优美而独一无二，所用的4种颜料分别是：时间、空间、质量和能量。

1928年10月，一位记者写信给在柏林的爱因斯坦，他想了解爱因斯坦的音乐爱好对他的研究工作有无影响。过了两周，爱因斯坦给他回信，声称音乐不会影响他的研究，但音乐与科研这两方面都从个人的渴望之源汲取营养。物理学研究与音乐爱好在实现精神解脱方面是相互

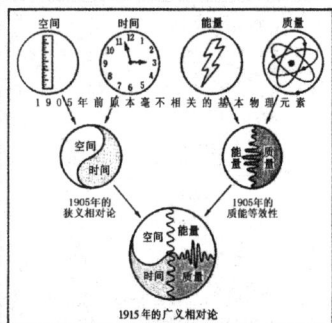

科学精品巨作《广义相对论》的创作过程——最下端调色盘中的颜料分别是时间、空间、质量和能量，它们最后融合成了"场方程"（左）

爱因斯坦在弹钢琴（1933年）——这是他在闲暇时经常做的事（右）

补充的。

同样，爱因斯坦在《论科学》一文中也谈到过音乐和物理学的关系问题，意思大致是，音乐和物理学在起源上不同，但是被共同的目标联系着，这就是表达对未知世界的企求。它们的形式虽有不同，但它们是互相补充的。世界可以由音乐的音符组成，也可以由数学的公式组成——这使我们想起了毕达哥拉斯有关数字和音乐关系的论述，以及开普勒对天文学和音乐之间联系的表达。

1918年4月，柏林物理学会举办了普朗克60岁生日庆祝会，爱因斯坦在演讲稿《探索的动机》中曾得出结论，促使人们去做这种工作（指物理学研究）的精神状态与信仰宗教或谈恋爱的人的精神状态相类似；他们每天的努力并非来自深思熟虑的意向或计划，而是直接来自激情——"激情"一词经常被用来描述艺术家们（包括音乐家）进行创作时的状态。从这个意义上讲，物理学与音乐也有着相同的建立和创作的过程。

爱因斯坦曾经说过："逻辑会把你从A带到B，而想象力却能带你去任何地方。"——这是一个既深入理解科学的严谨，又十分了解艺术的活跃性的人的认识，两者的结合会使人们的努力事半功倍。难怪著名科学家霍夫曼说过，爱因斯坦的方法虽然以渊博的物理学知识为基础，但在本质上是美学的、直觉的……

爱因斯坦踢出了狭义相对论"尺缩效应"足球——狭义相对论是爱因斯坦于"奇迹年"（1905年）创造的奇迹（刘夕庆 作）

除了他是牛顿以来最伟大的物理学家之外，我们还可以说，他是一位科学家，更是一位科学的艺术家。

广泛的爱好堆起了物理学金字塔

　　天生兴趣爱好广泛的爱因斯坦，视野大大地超出了科学。在文学上他特别钦佩那些创造了各种体裁和深入刻画出各色人物的作家与诗人。他认为莎士比亚的伟大作品在人物性格的表现上和诗文的形式上都同样伟大，是世界文学的高峰。

　　他和与他同时代的诗人豪普特曼的交往和谈话是两人快乐的源泉。虽然他们一个人的作品是抽象的理性思维论文，而另一个人的作品是诉诸感情的生动优美诗句，两者似乎迥然不同，然而一个有血有肉、具有深切社会情感的诗人和一个科学思想家的人性倒很相似。他们俩都极其接近自然天性，难怪爱因斯坦的手书也是那样具有诗文和乐谱般的流动性。

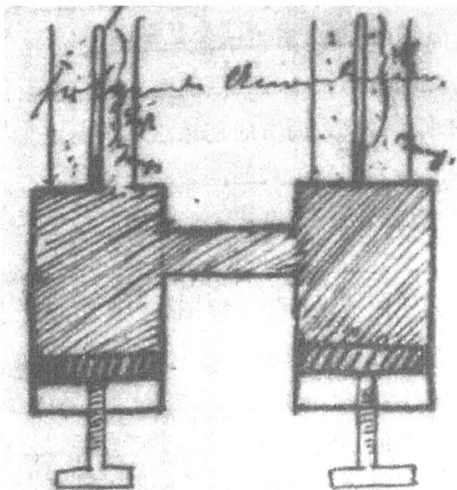

大学物理笔记具有素描意味的配图——爱因斯坦在绘画方面虽未有所表现，但他对美术的理解以及强调科学创新形象化在先的思想体现了他的创造意识——对广义相对论通俗而形象的表述就是其鲜明的一例（左）

与喜剧大师卓别林的合影——勇于创新的人之间总有一种惺惺相惜之感，它跨越了科学与艺术的界限（右）

　　应该讲，简洁优美是爱因斯坦对科学与艺术的美学要求，让我们来欣赏一段贯彻这一原则的、他50岁生日时分寄给朋友们的答谢之诗：如歌的话语/使我的生日绚丽/连游吟的人群/都为我歌唱起舞/于是我飘然欲仙/仿佛苍鹰穿云破雾/伴着西下的夕阳/请接受我衷心的敬意/大家为我做了一切/连太阳都不亦乐乎。

　　无论在科学还是艺术方面，只要爱因斯坦喜欢，都会发挥出他极大的想象力，由此可见他的那句"想象力比知识更

Albert Einstein. → A. Einstein → Einstein → $E = Mc^2$.

逐渐简化的爱因斯坦漫画和下部爱因斯坦签名的简化创意（签名创意系本书作者创作）结合起来，是不是很有意思？——爱因斯坦一生都在追求自然宇宙简洁优美的解释框架。1933年，爱因斯坦给一个音乐家回信时，署名只写了个"E"（Einstein的第一个字母的大写），这也可解释为核能爆炸的那个巨大的能量

为重要"的话并非说说而已，它是爱因斯坦得以凭借的、创造崭新物理学的法宝。

可以这么认为，有可能正是这些广泛的爱好才使爱因斯坦堆起了宏伟的物理学金字塔，因为它的筑成不光需要科学之砖，还需要艺术的黏合剂——这座金字塔也是物理学由经典走向现代的丰碑。让那些认为科学与艺术不可调和的人在这座高塔下感到羞愧吧！

可以说，爱因斯坦从根本上改变了科学研究中的思维方法。他在他的理论中建立了自己的世界观。今天我们使用的"爱因斯坦宇宙"这个词指的是相对性宇宙，而几百年前的"牛顿宇宙"指的却是绝对的世界。在牛顿宇宙中，时间现在以至将来永远以同一速度无情地流逝，因果关系就像上帝的戒律一样严格，有果就有因，绝无例外；未来可以完全由过去来预测。而在爱因斯坦宇宙中，时间不再是绝对的，时间流逝的速度取决于观测者。

这些思想比科学理论更宏大，它们是哲学、交响乐的主题，是世界本质的不同表现方式，更进一步说它们就是艺术——一种探索解决宇宙存在和演化问题的艺术——这是爱因斯坦留给我们这颗星球真正伟大的遗产。

与牛顿一样，在爱因斯坦留下的深厚遗产中，他也打破了某些知识领域不是人类思想所能涉足的观念，而这一思想已烙印在西方文化中达数百年之久。在牛顿之前，人们普遍认为人类只能理解上帝允许人类理解的范围，但牛顿竟然巧妙而艺术地突破了这一认识；而在爱因斯坦所处的时代，他又巧妙而艺术地突破了牛顿的思想。

总之，爱因斯坦是一位真正的探索科学问题的艺术家，

他醉心于简洁、优雅和数学的美；像探索艺术创作的艺术家一样，他愿意独自工作并从来不带研究生，也很少教课。他是一名精神上的"孤独者"，且十分珍惜自己的孤独，这种孤独中兼具着科学与艺术天赋的双重思考，他将两者加以融合，以至于奏出了20世纪初物理世界与自然宇宙的最强和谐之音。

爱因斯坦具有艺术性的科学创新是他留给我们这颗星球真正伟大的"遗产"（刘夕庆　创意）

纪念爱因斯坦质能方程与小提琴演奏的两枚邮票，设计者分别出于爱因斯坦热爱科学与艺术的两方面考虑

创立大陆漂移学说的"形象思维大师"
魏格纳

科学肖像解析

阿尔弗雷德·魏格纳（1880—1930），德国地质学家、气象学家、探险家，大陆漂移学说的创立者，被称为"大陆漂移假说之父"。

"泛大陆"是他由想象思维的星星之火点燃并通过大脑反向推理所得的古地质学概念，正如他身着的西装上的图案；"领带结"部分就是他魂牵梦绕的格陵兰岛——它被一个超级大洋所包围。而魏格纳科学肖像后的背景则是他提出的大陆漂移学说的动态图景。

早在1620年的时候，英国的哲学家弗朗西斯·培根就在地图上观察到，南美洲东岸和非洲西岸可以很完美地衔接在一起。虽然培根提出了著名的"知识就是力量"，但他不是一个真正的科学家，只是将自己关于两块大陆凸凹互补的想法说出来了而已，没有试图去寻找证据证实两块大陆曾经是相连的。在培根之前的人们没有想到这一点是情有可原的，因为哥伦布在1492年才发现了美洲，当时的地图错误百出，只是到了培根所处的时代，大西洋两岸的海岸线才逐步绘制得符合实际。但是有一点很有意思，就是培根之后的将近300年时间里，竟然没有一个科学家认真思考过，为什么大洋两岸的陆地竟可以严丝合缝地拼在一起。许多人或许在心里有过疑问，或仅仅停留在相似互补的思考阶段，却都没有考虑到它们的连带效应。最终，创立大陆漂移学说的荣誉授予了一位德国人，他就是阿尔弗雷德·魏格纳。

人们不禁要问，是什么让魏格纳既观察到上述地理现象，又产生了疑问，进而提出假说并一步步地去求证，最终得出大陆漂移的结论呢？这是他将其所具有的艺术家般的形象思维与科学家所特有的严谨实证态度相结合而取得的成就。

天生的冒险艺术家

魏格纳出生于德国柏林。父亲是福音派新教会的传道士，兼任柏林孤儿院院长。魏格纳的哥哥库尔特是位自然科学家，姐姐托尼是位画家。青少年时期的魏格纳曾相继在海德堡大学、因斯布鲁克大学、柏林洪堡大学学习。1905年他获得了柏林洪堡大学天文学博士学位，以天文学家的身份开始了他的职业生涯。但是他更喜欢气象学，那时的气象学还是一门新兴学科。

从小就喜欢幻想和冒险的魏格纳喜爱读探险家的故事，英国著名探险家约翰·富兰克林是他心目中的偶像。为了给将来的探险做准备，他攻读了气象学。喜爱冒险的他曾乘坐热气球参加比赛，并曾经以52小时的成绩打破了当时最长的乘坐时间纪录（35小时）。1906年，他终于实现了少年时的远大理想，加入了著名的丹麦探险队，来到了格陵兰岛，从事气象和冰川调查工作。

在第一次世界大战时魏格纳曾参军并两度负伤，后来还勇气十足地3次前往格陵兰岛进行极地上层大气及冰河学的研究与探险活动，并曾在北纬77度的冰上连续度过两个冬天。

冒险行动和获得真理往往是矛盾的。最终使魏格纳出名的大陆漂移的设想可能在更早时就被别人提出了，最初的提出者只是想解释大西洋两岸明显的对应性，而没有得到"冒险的"科学论证。直到1915年，魏格纳的《大陆和海洋的形成》问世，大陆漂移设想才作为一个大胆的科学假说受到广泛重视。在这本不朽的著作中，魏格纳根据拟合大陆的外形、古气候学、古生物学、地质学、古地极迁移等大量证据，提出中生代时的地球表面存在一个泛大陆，这个超级大陆后来分裂了，又经过2亿多年的漂移才形成现在的海洋和陆地。但由于当时受地球内部构造和动力学方面知识的局限，大陆漂移学说和动力学机制得不到物理学上的支持。当时魏格纳学说的"不幸遭遇"在于他提出大陆漂移的同时却认为大洋底是稳定的。直到他去世的20年后、抛弃洋底稳定不动这一认识的海底扩张学说被提出来，人们对大陆漂移的兴趣才又一次萌发了。

科学假说从来都是勇敢者的游戏。魏格纳的冒险精神不但表现在他到格陵兰岛从事气象和冰川的科学探险上，而且体现在他提出大陆漂移学说的假设与求证上——这是一种天生冒险家的作风，就像艺术家的大胆创新。我们只有在更早的达尔文跟随"小猎犬"号完成环球科学考察并提出生物进化理论的故事中才能看到。

早期的世界地图已清楚地表明非洲和南美洲相对海岸线的"锯齿状拟合"，这恐怕最早为哲学家的培根所了解。到了1801年，洪堡及其同时代的科学家们提出，大西洋两岸的海岸线和岩石都很相似，而魏格纳首先提出，应该用深海中的大陆坡边缘进行大陆拟合。凯里后来证明，两个大陆的外形在海面以下2000米等深线处几乎完全可以拟合。直到最近，布拉德等人借助计算机，才发现无论用1000米还是2000米等深线拟合的结果差别都不大。复原拟合工作证明，

青年魏格纳脸上透露出他那勇敢的气质和洞察事物本质的锐利目光

作为探险者的奇特装扮

各大陆可以通过复原形成一个超级大陆，即魏格纳所命名的
"泛大陆"——是由冈瓦纳古陆（南半球各大陆加上印度）
和劳亚古陆（北美和欧亚）组成的复合古大陆。

形象思维的大师

1910年的一天，年轻的德国气象学家魏格纳身体欠佳，
躺在病床上。百无聊赖中，他的目光落在墙上的一幅世界地
图上，他意外地发现，大西洋两岸的轮廓竟对应得十分完
美，特别是巴西东端的直角突出部分，与非洲西岸凹入大陆
的几内亚湾非常吻合。自此往南，巴西海岸的每一个突出部
分，恰好对应非洲西岸凹进的海湾；而对于巴西海岸的每一
个海湾，在非洲西岸都有一个突出部分与之对应。

这难道是偶然的巧合？这位青年科学家的脑海里突然掠
过这样一个念头：非洲大陆与南美洲大陆是不是曾经拼合在
一起，也就是说，从前它们之间没有大西洋，是由于地球自
转的分力使原始大陆分裂、漂移，才形成如今的海陆分布情
况？这显然是一个形象思维丰富而又有一定推理能力的人得

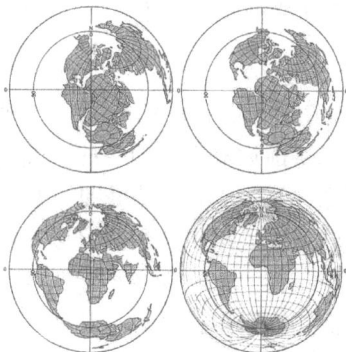

大陆漂移学说示意图

现在，各大陆漂移成今天我们看到的这个世界地图的样子

出的自然想法。然而要让它上升为科学理论则需要大量而系
统的实验论证，并且要提出其动力学机制。

如果将大陆漂移学说的创立形容为一场大战役，那么最
早的那场战斗便是由形象思维开始发动的。形象思维具有形

象性、非逻辑性、粗略性和想象性等特性，形象性使形象思维具有创造性的优点，而富有创造力的人通常都具有极丰富的想象力。

"好的开始是成功的一半。"第二年，魏格纳开始搜集资料，验证自己的设想。他首先追踪了大西洋两岸的山系和地层，结果令人振奋：北美洲与欧洲以前曾经"亲密接触"；非洲西部的古老岩石分布区（老于20亿年）可以与巴西的古老岩石区相衔接；与非洲南端的开普勒山脉的地层相对应的，是南美洲的阿根廷首都布宜诺斯艾利斯附近的山脉中的岩石。

抽着烟袋并凝视思考——魏格纳工作间内的仪器虽然多种多样，但墙面上总是不缺展示自己形象的图片

对于大陆漂移学说，魏格纳作了一个很浅显的比喻：如果两片撕碎了的报纸按其参差的毛边可以拼接起来，且其上的印刷文字也可以因而变得句式连贯，我们就不得不承认，这两片破报纸是由完整的一张撕开得来的。除了大西洋两岸的证据，魏格纳甚至在非洲和印度、澳大利亚等大陆之间，也发现了地层构造之间的联系，而这种联系都限于中生代之前（即2.5亿年前）的地层和构造。

沉浸在喜悦中的魏格纳又考察了岩石中的化石。在他之前，古生物学家就已发现，在目前远隔重洋的一些大陆之间，古生物面貌有着密切的亲缘关系。例如，中龙是一种小型爬行动物，生活在远古时期的陆地淡水中，它既可以在巴西石炭纪到二叠纪形成的地层中找到，也出现在了南非的石炭纪、二叠纪的同类地层中。而迄今为止，世界上其他大陆上都未曾找到过这种动物化石。那么在淡水中生活的中龙是如何游过由咸水构成的大西洋的？

魏格纳（左）与因纽特人向导

更有趣的是，有一种庭园蜗牛既发现于德国和英国等地，也分布于大西洋对岸的北美洲。蜗牛素以步履缓慢著称，居然有本事跨过大西洋的千重波澜，从一岸到达另一岸！当时没有人类发明的飞机和舰艇，甚至连鸟类都还没有在地球上出现，蜗牛是怎么过去的？再来看一看植物化

石——舌羊齿，这是一种古代的蕨类植物，广布于澳大利亚、印度、南美洲、非洲等地古生代晚期的地层中，即现代版图中比较靠南的大陆上。植物没有腿，也不会游泳，它们是如何漂洋过海的？

最早而又最简单、最明显的证据，便是大西洋两岸海岸线的相似性——这是大陆漂移学说想象思维的肇始——我们现在说魏格纳是创立大陆漂移学说的"想象思维大师"就是源于这里。他推测在古生代晚期所有大陆曾是一个统一的联合古陆，并且从中生代开始，这个被他称为"泛大陆"的古大陆逐渐分裂、漂移，一直漂移到现在的位置。在对这一假说进行论证时，魏格纳的想象思维一直占据主导地位。

刚刚50岁的魏格纳（左）与同伴维鲁姆森在格陵兰岛的最后合影

魏格纳之前的古生物学家为解释这些现象曾提出"陆桥说"。这种观点被称为"固定论"，即大陆与海洋是固定不动的。而魏格纳的解释则是"活动论"，各大陆之间古生物面貌的相似性并不是因为它们之间曾有什么陆桥相连，而是由于这些大陆本来就是直接连在一起的，到后来才分裂、漂移，各奔东西。固定论与活动论的争论，被人们称为地质学三大论战之一。作为具有艺术家般活跃思维的活动论的先驱，魏格纳一开始几乎是孤军奋战，可是到后来，"星星之火可以燎原"。

一篇地质学的史诗

大陆漂移学说的提出像在平静的湖水中投下了一块巨石，立即引起空前的轰动。人们心目中稳如磐石的大陆居然能移动，实在不可思议！这一猜想如此富于浪漫色彩，直至今日仍有人称其为"一个大诗人的梦"。

大陆漂移学说曾以轰动效应问世，却很快在嘲笑中销声

魏格纳魂散格陵兰后，他的妻子埃尔斯和同魏格纳最后一次一起探险的弗里兹·洛伊共同出版了《魏格纳的最后一次探险》一书，为后人了解魏格纳的最后一次探险提供了很多宝贵资料

匿迹。虽然魏格纳找到的证据很多，但是如果别人找出一个反对这个科学理论的证据，比如大陆漂移的动力不足，这个学说只能叫作假说，而不是真正的理论。当人们解释中龙、舌羊齿等古生物的分布时，依然用"陆桥说"来搪塞，虽然"陆桥说"显得很荒唐，但是当时的人们认为，还有一种理论更加荒唐，那就是魏格纳的大陆漂移学说。

魏格纳认为地壳的硅铝层是漂浮于硅镁层之上的，并设想全世界的大陆在古生代石炭纪以前是一个统一的整体，在

格陵兰岛迷人风光的外表下蕴藏着科学探索的艰辛，那里有散发着烟草味的"地质诗人"留下的地质诗篇

它的周围是辽阔的海洋。后来，特别是在中生代晚期，泛大陆在天体引潮力和地球自转所产生的离心力的作用下，破裂成若干块，在硅镁层上分离、漂移，逐渐形成了今日世界上大洲和大洋的分布情况。但这一假说似乎难以解释某些地质学上的大问题，如大陆移动的原动力、深源地震、造山构造等。魏格纳的灵魂被冰封在格陵兰的积雪中，大陆漂移学说则被尘封在图书馆的书架上，无人问津。

只有魏格纳还孤独地吟唱着自己的诗篇。1930年魏格纳第三次深入格陵兰岛考察气象时，不幸长眠于冰天雪地之中，年仅50岁，他的遗体在第二年夏天才被发现。他离去得早了一点儿，因为德国的一艘科学考察船刚刚从大西洋回国，带来了一个消息，在大西洋中间存在一条很长的洋中脊，那里有巨大的裂谷。凭着魏格纳广博的学识，他将有可

能找到解决大陆漂移动力问题的方案，洋底的移动会提供大陆漂移的线索，可惜他与这个消息永远地隔绝了。同一些超越时代的科学家一样（如哥白尼、孟德尔、门捷列夫等），他未能等到他的学说完全被世人接受的那一天，但是他所开创的地质史诗还在被续写，现代科学精确的大地测量数据证实大陆仍在缓慢地持续水平运动……也许，只有人迹罕至的格陵兰的冰雪大陆，才能理解魏格纳生前的孤独吧。

通过形象思维在文学艺术创作中取得辉煌成就的人物举不胜举，而在科学研究中实现创造性突破的例子并不像艺术作品那么直接，有时形象思维甚至隐含其中，但这些科研"作品"仍然可以称得上为"艺术"——科学研究的艺术。

魏格纳以提出大陆漂移学说闻名于世，他在《大陆和海洋的形成》这部不朽的著作中努力恢复地球物理、地理学、气象学及地质学之间的联系——这种联系因各学科的专门化发展被割断，而他却用综合的方法来论证大陆漂移。魏格纳的研究事业表明科学研究是人类的一项精美的"艺术"活动，而不是机械地收集客观信息。在人们习惯用流行的理论解释事实时，只有少数杰出的人物有勇气打破旧框架并提出新理论。由于当时科学发展水平的限制，大陆漂移学说（这一学说到20世纪50年代进一步被英国物理学家的地磁测量结果所证实）由于缺乏合理的动力学机制遭到正统学者的非议，但这一学说的提出是对固定论的挑战，并为"板块构造学"的建立和发展奠定了基础，对地球科学的发展起了很大的推动作用。为纪念魏格纳的学说成为超越时代的理论，月球及火星上都有以他名字命名的陨石坑，小行星29227也被命名为"魏格纳星"。

Der Polarforscher
Prof. Dr. ALFRED WEGENER
* 1880 in Berlin
† 1930 im Grönlandeis
war Schüler dieses ehemaligen
Cöllnischen Gymnasiums,
promovierte 1905 an der
Berliner Universität'
und legte 1912 mit seiner
Kontinentalverschiebungstheorie
das Fundament für eine moderne
Geologie
Gesellschaft für Geologische Wissenschaften der DDR - 1980

德国柏林市中心树立的关于魏格纳的纪念牌——1930年11月的一天（至今人们也不知道具体时间），在一次前往格陵兰的探险中魏格纳意外遇难

原子立体主义结构的"赏画者"
玻尔

$$h\nu = \varepsilon_2 - \varepsilon_1$$

科学肖像解析

尼尔斯·玻尔（1885—1962），伟大的丹麦物理学家。他通过引入量子化条件，提出了玻尔模型来解释氢原子光谱；提出互补原理和哥本哈根诠释来解释量子力学，并成为了哥本哈根学派的创始人。对20世纪物理学发展有着深远影响的他于1922年获得了诺贝尔物理学奖。

越来越依赖烟斗思考的玻尔，点烟斗的习惯动作及所创建的量子性原子结构模型之间的联系是其科学肖像创意的来源——物体发光是由于光子从较高能级轨道向较低能级轨道跃迁所产生的辐射结果（如示意图及方程所示）。由点烟的动作过渡到原子结构模型的图景，将玻尔智慧思考的形象展现得淋漓尽致。右下角为他的亲笔签名。

"**量**子化原子结构理论之父"玻尔酷爱毕加索等人创立的立体主义画派的作品，他的书房里挂满了这方面的静物画，并时常向来访的客人讲述他对这些画作的深刻理解。这方面的画作一般人看不懂，但却赋予玻尔以灵感——他开始认为，那些看不见的原子和电子世界，其实是一个立体的世界，就像一幅被分解了的主题作品一样——它以什么形式出现，取决于你观看它的方式。

古往今来，有许多伟大的科学家都是音乐的爱好者，如毕达哥拉斯、开普勒、普朗克和爱因斯坦等。但玻尔与他们不同，他对体现时间性的音乐艺术并不特别感兴趣，而与哥白尼、伽利略、牛顿、达尔文和巴斯德等人相似，喜爱具有空间性的造型艺术，特别是绘画和雕塑，而他的"作品"就是描绘微观世界的原子结构图景。

兴趣广泛的科学家球星

玻尔出生于丹麦的首都哥本哈根，父亲克里斯丁·玻尔是哥本哈根大学的生理学教授，母亲出身于一个富有的犹太人家庭。

年轻时的玻尔—— 英俊而智慧，你要说他一脸足球明星像，没有人会怀疑

玻尔的童年是在幸福和快乐中度过的。他有一个和谐美满的家庭，且家境富裕。父母亲从小就为孩子们提供了一个宽松自由的环境。住房宽阔、明亮，家具雅致、舒适，丰富的藏书营造出一种富有文化的氛围。家里常有知识阶层的客人来拜访，大家在客厅里喝茶、聊天、讨论。玻尔和弟弟哈拉德也被允许在一旁倾听。这使小哥俩在潜移默化中增长了不少见识。由于从小受到了良好的家庭教育，玻尔的兴趣非常广泛，他爱好文学，并十分热衷于足球，曾和弟弟共同参加职业比赛，因在足球场上的出色表现而闻名全国。

人称"尼克大叔"的老年玻尔在冬季的山地上滑雪——虽然剪影式的画面不太清楚，但人们还都能认出他的"轮廓"

有这样一件关于足球的轶事，玻尔进入哥本哈根大学后，很快就成了哥本哈根大学足球俱乐部的明星守门员，他

习惯在足球场上一边心不在焉地守着球门，一边用粉笔在门框上进行演算。后来虽然进入了科研机构并专心于原子物理研究，但他仍不忘心爱的足球，业余时间常把它当作休息"工具"，成了一名不折不扣的科学家球星。不过他也有分神的时候，据丹麦AB队史料记载，在一场AB队与德国特维达队的比赛中，德国人要外围远射了，可玻尔还在门柱旁边思考一道数学题——这是不是有点像阿基米德当侵略者拿着刀对着他时，他还说"等我把这道题算完"的情景？

因为这位伟大的物理学家在青年时期对足球的热情，并有一段时间当选过国家队队员，当1922年他在斯德哥尔摩被授予诺贝尔物理学奖时，有一家丹麦报纸的标题这样写道：授予"著名足球运动员尼尔斯·玻尔"诺贝尔奖。玻尔还十分喜爱滑雪运动，在冬季经常带着自己的学生和助手们一起去滑雪。

是不是合适的运动健身也健脑？很多灵感都是在动作的一刹那产生的。譬如达尔文回忆他小时候散步时一不留神摔倒的瞬间，脑海中闪现出不少有意义的思想。怪不得爱因斯坦在头脑迟钝的时候要去摆弄一下他的帆船。当然，玻尔也应该是这些在运动中产生灵感的科学伟人中的一员。

侨居在哥本哈根的客座教授詹姆斯·弗朗克在哥本哈

身处"数学海洋"并尽情畅游的玻尔——黑板是他一生从事科学研究、教学和"艺术创作"的"运动场"

玻尔的艺术雕像——他的形象和他的学说是如此之鲜明

根大学逗留期间，有机会目睹了玻尔对身边人的影响。他写道，玻尔在其住宅中与友人的谈话不只局限于物理学或自然科学问题，还涉及哲学、历史、宗教史、伦理学、艺术和政治等。

不过，有哪一位曾创造过伟大业绩的科学家不曾具有广博的兴趣和知识呢？这可能就是科学走到21世纪，随着分科的越来越细化、百科全书式的人物越来越少，产生不了系统化或体系性的科学理论图景的重要原因之一吧！而科学史证明，有些具有突破性的科学结构整体框架的建立还非得要"个人性的全盘静思"才能有所得，而这些人间歇性的运动调剂则必不可少。

在造型艺术中寻找量子化结构

称玻尔为"量子化原子结构理论之父"一点不为过，因为量子力学起源于原子结构的研究，并且突破了经典理论，在解释光谱分布的经验规律方面获得了意外的成功。这或许真与玻尔酷爱立体主义画派，尤其是静物抽象画的造型艺术有关。他甚至还亲自从事过这方面的创作工作。一位朋友称，有一次他看到玻尔"用木头雕刻了一架造型美观、转动灵活的风车"。

曾与玻尔就量子力学是否完备产生过旷日持久争论并具有不同艺术爱好的爱因斯坦这样评价过玻尔："作为一位科学思想家，玻尔所以有这么惊人的吸引力，在于他具有大胆和谨慎这两种品质的难得融合；很少有谁对隐秘的事物具有这一种直觉的理解力，同时又兼有这样强有力的批判能力。他不但具有关于细节的全部知识，而且还始终坚定地注视着基本原理。他无疑是我们这个时代科学领域中最伟大的发现者之一。"据说，玻尔去世的前一天还在工作室的黑板上画了当年爱因斯坦那个"光子盒"的草图。

从艺术形式的初步分类来看，绘画、雕塑等属于空间艺术，而音乐属于时间艺术。然而自从爱因斯坦的相对论将时间、空间糅为了一体后，许多现代派艺术家，如

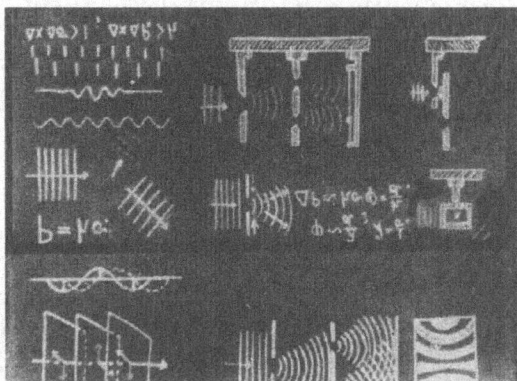

玻尔的板书和示意画——他在讨论研究或教学讲解前总要把带有艺术性的示意图事先画好

未来主义画派就将时间融入空间性的造型艺术之中。但"偏爱"总归会主宰着人们的思维方式，玻尔与爱因斯坦的"大论战"可能就是如此——相对运动和相对静止在他们的分歧中尤为突出。爱因斯坦说："上帝从不掷骰子。"而玻尔回击道："爱因斯坦，别去指挥上帝该怎么做。"或许我们应该将两个伟人的思想融合：上帝有时候不掷骰子，而有时候又掷骰子；不掷骰子的时候我们看不见，而掷骰子的时候我们又不知道他还会不会掷骰子……

　　功成名就后的玻尔，他的住宅坐落在一个壮丽的公园的中心，俨然像一座郊外的宫殿，内有圆柱大厅。这是丹麦科学院在1932年为表彰他的功勋而送给他的。后来这所住宅竟然成了科学文化活动的中心。来自世界各国的同行们在这里受到殷勤的接待。每逢研究所欢庆的日子，在这里往往会接待百余名宾客。除科学家外，到这里来的还有艺术家和政治活动家等。

　　如前所述，玻尔在他的书房里经常向来访的客人讲述他对那些挂满墙壁的抽象静物画作的认识。从这些现代主义的画作中，他逐渐认识到微观的粒子世界，那其实是一个立体主义的结构天地，它就像从

良师益友：玻尔（右）和海森堡（左）——都是艺术爱好者，并且都是处理量子力学的"艺术"高手

不同维度看的《吉他》画作（毕加索作），不同角度有着不同的观感。

他的学生海森堡曾在1927年提出了微观领域中的测不准关系，即任何一个粒子的位置和动量不可能同时准确测量，若要准确测量其中一个，另一个就完全测不准。海森堡称它为"测不准原理"。玻尔敏锐地意识到它正表明了经典概念的局限性，因此以之为基础，在一些艺术图形的启示下提出了"互补原理"，认为在量子世界里总是存在互相排斥的两套经典特征，正是它们的互补构成了量子力学的基本特征。玻尔的互补原理被称为正统的哥本哈根解释。

20世纪初期的欧洲呈现出科学与艺术争奇斗艳的局势，其不仅反映在这两大领域之中，也突显于那些将二者融合并发展的科学家、艺术家们的身上。新艺术与新物理学最早的直接交流始于玻尔对立体主义的兴趣。他为了获取灵感，在书房里挂了一幅大型的立体主义画作梅青格尔的《骑马的女人》（大约作于1911年）。创作者与其他人合写的《论立体主义》一书成为对立体主义的标准描述，即立体主义表现一个场景的方式，就好像观察者在"围绕一个物体转动〔以〕从几个连续的表象去理解它"。它是什么，完全取决于你怎么看它。

据一位丹麦画家说，玻尔"对现代绘画在他的有生之年如此迅速开辟的这片新天地极为感兴趣"。1927年，玻尔针对原子物理学的困境提出了一个权宜之计，其中心思想与立体主义的多种透视图具有惊人的相似之处。根据他的互补原理，原子实体有两方面，即波和粒子——任何实验只能揭示其中的一面。

玻尔自己设计的纹章——中心以中国古老的太极图来形象地表达互补原理

玻尔的互补原理似乎在捷克画家尤金·伊万罗夫的画中直观地得到了体现

像诗人一样对文字进行精雕细刻

在玻尔小时候家里常常有4位学者在客厅聚会，一位是哲学家，一位是语言学家，还有一位物理学家，再就是玻尔的父亲——他们都是丹麦科学院的院士。起初4个人定期在咖啡馆碰面，后来大家觉得轮流到各人家里聚会更愉快。这样4个专业截然不同的人物经常聚在一起探讨学术问题，不时会碰擦出一些思想的火花。他们的讨论充满着智慧和激情，每个人都从不同的学科出发，旁征博引，发表自己独到的见解。

客厅里大家天南海北地侃侃而谈，让小玻尔兄弟俩不知不觉地享受到了一次次的知识和精神的盛宴。

玻尔的父亲喜欢研读德国大文豪歌德的作品，不光是歌德的诗，还有他的哲学著作。因此在玻尔家的客厅里，歌德常常成为大家谈论的话题。玻尔在耳濡目染之中，也受到了潜移默化的影响，后来他对歌德的作品也很喜爱。他能背诵不少歌德的长诗，并在许多场合引用。

当长大成人后，玻尔曾经回忆说："我生长在一个有浓厚精神情趣的家庭里，在这个家庭里经常展开科学方面的讨论。对我父亲来说，在他个人的科学工作和他对人生所有问题的浓厚兴趣之间，大概没有严格的区别。"

后来玻尔自己成家立业后，也继承了父亲的处世风格，他的朋友弗朗克回忆说，玻尔读过许多书，具有卓越的记忆力，他常反复思考读过的内容。最初，玻尔不喜欢像关在象牙塔中那样沉浸在科学之中，他认为自己的职责在于探索人类社会生活和事物的本源，如果必要的话，就会公开说出自己的意见。玻尔以身作则，并通过讨论帮助过很多人严肃地对待和履行这一职责。可以有根据地把玻尔家的住宅比作"希腊学院"。这所住宅就是那些逍遥自在地进行讨论的大小派别人士的思想避难所。

受父亲喜欢歌德作品的影响，玻尔也成为了一位注重对文字进行加工润色并精雕细刻的"诗人"或"文学家"。例如玻尔编著了认识论方面的两卷集著作，这部选集的篇幅不大，但内容极为深刻。第一集于1929年作为哥本哈根大学的年鉴问世，后又以《原子理论和对自然的描述》为题出了德文版；第二集是于1958年出版的《原子物理学和人类的认识》。

当阅读这些著作时，我们可以看出玻尔不断力求尽可能准确地表达自己的思想。如果采纳科学家奥斯特瓦尔德对伟大研究者所作的分类的话，那么玻尔就其工作、写作的风格而言，就是一位典型的"经典作家"。他像诗人一样对其科学著作的文字进行加工润色和精雕细刻。玻尔常说："手稿——这是反复修改的一种东西。"甚至对不准备出版的信件，他也总是在寄出前抄了又写，写了又抄。在玻尔的著作中丝毫没有多余的词句。

最初研究理论的认识论问题，与其说是玻尔从事物理研究的结果，倒不如说是他出于对语言-哲学和批判-语言考虑的结果。后来，他还仔细研究过人们口语不准确的问题，他认为口语应当是科学交流中双方相互了解的工具。玻尔在许多著作中承认了由于口语的不准确而引起的麻烦，并指出词的多义性所带来的危害。他在《原子理论和对自然的描述》一书中，不止一次地探讨"我们用词的多义性"，并认为人们在使用没有预先分析的词时，实际上不得不借助于文字图像来表达意思。

玻尔曾于1907年以有关水的表面张力的论文获得丹麦皇家科学文学院的金质奖章。他在37岁时获得诺贝尔物理学奖时，以其精雕细刻的诗人般的语言在获奖发言中总括了自己过去的工作——他的丹麦式的成功就像安徒生的童话一样美妙、令人羡慕。

与爱因斯坦20世纪20年代访问中国类似，1937年5月20日下午4时，玻尔偕夫人及儿子汉斯乘客轮抵达上海，受到了中国科学界著名人士的热烈欢迎。1965年玻尔去世3周年时，哥本哈根大学物理研究所被命名为"尼尔斯·玻尔研究所"。

"玻尔和夫人"（左）以及"玻尔与其原子结构模型、方程式"（右）的纪念邮票——幸福和圆满伴随着他的一生

1997年国际纯粹与应用化学联合会（IUPAC）正式通过将第107号元素命名为Bohrium（𨨏），以纪念伟大的玻尔。玻尔之子奥格·尼尔斯·玻尔后来也成为了物理学家，并于1975年获得诺贝尔物理学奖。可以看出，家庭以及科学与艺术结合的优良传承影响了玻尔家族的数代人。

500丹麦克朗正面印有玻尔的纪念头像——可见丹麦人民对玻尔有多尊重（左）
谷歌在纪念玻尔诞辰127周年时巧妙地打出了原子结构及发光机制与其logo交合的标志图样（右）

揭示宇宙膨胀运动的"运动家"
哈勃

科学肖像解析

爱德温·哈勃（1889—1953），美国著名天文学家，他以关于宇宙膨胀的理论享誉世界。他是研究现代宇宙理论最著名的人物之一，是星系天文学的奠基人。他发现了银河系外星系的存在及宇宙不断膨胀的现象，为提供宇宙膨胀实例证据的第一人，是观测宇宙学的开创者。此外，他还是第一个对河外星系进行分类的天文学家。

哈勃的烟斗几乎与其星系-宇宙膨胀定理一样出名，许多关于他的照片都有这两个"公因式"，因此他的科学肖像中也出现了它们，只不过哈勃定律出现在了他的烟斗上——以表达其灵感说不定来自我发明的"烟助思考，酒激诗兴"之语；哈勃烟斗的末端圆柱形用哈勃空间望远镜来代替确实形似而又具象征意义，最重要的是，冒出的烟圈一个个成为了逐渐远去的星系——用以表现宇宙膨胀理论的诞生。

哈勃被科学界尊为天文学和宇宙学领域的"一代宗师"，他对20世纪的天文学和宇宙学做出了许多重要贡献，其中最重大者：一是确认星系是与银河系相当的恒星系统，开创了星系天文学，建立了大尺度宇宙的新概念；二是发现了星系的红移–距离关系，促进了现代宇宙学的诞生。

人类有史以来最重要的宇宙发现之一是我们的宇宙正在膨胀。它是现代宇宙学的基石之一，地位可与之媲美的可能只有哥白尼原理——宇宙中并不存在首选之地，以及奥伯斯佯谬——夜空是黑暗的，等等。宇宙膨胀理论迫使科学家研究运动状态的宇宙模型，该理论还暗示宇宙是有时间尺度或年龄的。宇宙膨胀运动理论的形成，首先应归功于哈勃对地球到附近星系距离的估算。因为他是一名天性喜好体育运动的人物，而他因变星的运动又发现了宇宙膨胀，所以，这里我们称他为揭示宇宙膨胀运动的"运动家"。

创建大尺度宇宙新概念的"运动家"

哈勃出生于美国密苏里州的马什菲尔德，在芝加哥完成高中学业。他的父亲是一位虔诚的宗教信徒，从事保险业务。据说，在高中毕业典礼上，校长走近哈勃，对他说："哈勃，我已经观察了你4年，但我从来没有看见你花10分钟时间学习。"校长顿了顿，然后说，"这是芝加哥大学的奖学金。"时间没花多少，就能学习很好，秘诀何在？

在获得芝加哥大学奖学金的1906年6月，哈勃前往芝加哥大学学习，当时他是个重量级拳击手——一位体育经纪人曾极力试图培养哈勃，想让他与当时的世界重量级冠军一分高下，但哈勃觉得自己还是应该从事一份脑力工作。在大学期间，他受天文学家海尔引导开始对天文学产生更大的兴趣，随后获得了数学和天文学的学位。

1910年，21岁的哈勃从芝加哥大学毕业，又获得奖学金，前往英国牛津大学学习法律，23岁还获得了文学学士学位。在牛津大学，哈勃积极参加田径比赛，还加入了一支棒球队，这支棒球队是不列颠群岛上最先成立的棒球队之一。1913年以后，他声称要在美国肯塔基州开业当律师，

16岁那年的中学毕业照——可以看出哈勃是个体格强壮的少年

牛津大学运动员哈勃——他做出了投掷铅球的完美姿态

但实际上他在印第安纳州的新奥尔巴尼当上了中学篮球教练——可想而知，除了学习好之外，他还是各项体育运动的爱好者与参加者，这难道就是他学习上投入少、见效快的秘诀？运动是他的天性——之后他将这种天性推演到了河外星系，发现了宇宙膨胀的运动。从这个意义上讲，他就是一名创建了大尺度宇宙运动新概念的"运动家"。

　　25岁后，哈勃重返芝加哥大学，开始集中精力研究天文学，他在该校设于威斯康星州的叶凯士天文台工作并攻读研究生。无论是在美国，还是在牛津，哈勃都在打拳击。他意识到是时候再次尝试一些新东西了。在哈勃获得了天文学和哲学博士学位后，美国卷入第一次世界大战时，他参了军，并最终升至少校。两年后的1919年他返回美国，并开始在威尔逊山天文台（现属海尔天文台）工作。在那里，他研究了星云、星际尘埃和气体，这些物质往往看上去就像是发光的团状物。在威尔逊山，他发现一些星云位于我们的银河系之外，而且它们实际上本身就是独立的星系。哈勃在威尔逊山天文台专心研究，在河外星系领域做出了崭新的发现。

　　借助威尔逊山天文台的254厘米反射望远镜，哈勃于1923至1924年间拍摄了仙女座大星云和M33的照片，他把它们的边缘部分分解为恒星，在分析了一批造父变星的亮度以后断定，这些造父变星和它们所在的星云距离我们远达几十万光年，远超过当时银河系的直径尺度，因而一定位于银河系外，即它们确实属于银河系外巨大的天体系统——河外星系。1924年美国天文学会在一次学术会议上正式公布了这一发现。它使天文学家们关于"宇宙岛"的争论立即分出胜负，所有天文学家都意识到，多年来关于旋涡星云是近距离天体还是银河系之外的"宇宙岛"的争论就此结束，从而掀开了大宇宙探索新的一页。

哈勃定律的运动本性催生现代宇宙学

　　20世纪20年代，哈勃的大部分同事认为，银河系是一个旋涡状的恒星集合，其直径为几十万光年，银河系构成了

芝加哥大学体育明星们的合影——最上方中间的是哈勃，最下方同样位置哈勃的签名最为流畅，艺术性和运动感十足

钓鱼也是一种运动——静中观动，它与天文观测在本质上没有什么不同

整个宇宙。但哈勃在威尔逊山寒冷的峰顶探索到了更深的宇宙空间，他意识到数以百万计的星系点缀着无比巨大的宇宙空间，银河系仅仅是其中的一个星系而已。这样，哈勃实际上发现了我们宇宙的最广阔世界。不但如此，他还开始乘胜追击。

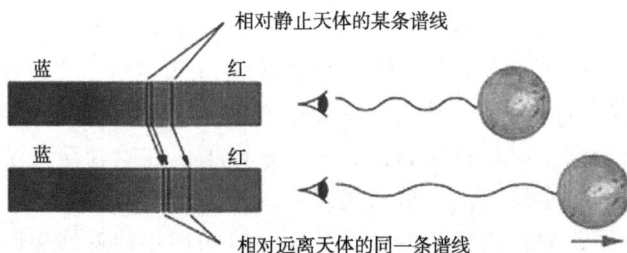

是什么让哈勃发现了他的哈勃定律？是前人思想对他的触动（左）和光色的红移原理（右）

1929年，哈勃通过对已测得距离的20多个星系的统计分析，更进一步用46个星系的有关数据画出了一条直线的图像，由此发现了星系到地球的距离与星系红移之间的关系，即星系退行运动的速率与星系距离的比值是一常数，两者间存在着线性关系。这一关系后被称为哈勃定律。这个被称为哈勃常数的速率就是星系的速度同距离的比值。

静止不下来的哈勃发现了静止不下来的宇宙——这一结论的意义太深远了，因为一直以来，天文学家都认为宇宙是静止的（就连爱因斯坦也在他的宇宙方程中加入了一个使模型稳定的宇宙项），若认为红移是星系视向运动的多普勒效应造成的，则红移-距离关系表明，距离我们越远的星系正以越来越快的速度远离我们。运用广义相对论，人们通常把哈勃定律解释为宇宙膨胀的必然结果。可以说，哈勃定律的运动本性催生了现代宇宙学膨胀运动的理论。

哈勃为了确认他的估算性发现，需要将其发现与之前威尔逊山拍摄到的仙女座星系图像的感光底片进行对比。他前往位于地下室的档案馆，馆内分类储存着天文台采集到的所有图像。让哈勃高兴的是，其中两个光斑确实是新发现的新星——现在我们知道它们其实是白矮星吸积邻近伴星的气体和尘埃（超过临界质量时）发生核聚变产生的爆炸现象。

　　当他将照片与先前拍摄的图像对比后，发现第三个光斑最有意思。哈勃查看了威尔逊山的档案目录，得知这颗恒星之前就已被人发现。在一些底片中，它看起来很明亮，但在另一些底片中，这颗恒星变得很暗淡或压根看不出它的存在。哈勃立刻意识到他这一发现的重要性。第三个光斑是一颗造父变星，和20年前研究的恒星类型相同。哈勃使用胡克望远镜拍摄的玻璃底片，清楚地展现了他在发现其原先认为的新星实际上是一颗变星时的激动之情——他用"变星（VAR）！"做了记号。

时刻叼着烟斗的哈勃的"发现时刻"——这是科学历史上最著名的修正之一

　　哈勃是一位苛刻的观察者，他利用威尔逊山天文台25米口径的望远镜做出了很多发现。他把沙普利开创的距离测量技术发展成一种精细的艺术。哈勃从1924年开始测定星系的距离，直到1929年他宣布星系的红移往往随距离的增加而增加。

　　哈勃因变星的运动而发现宇宙膨胀的天文学成就为他赢得了世界性的荣誉，好像有点10年前爱因斯坦广义相对论被日全食实验证明那样的感觉，这使他一下子成为继爱因斯坦之后（20世纪30年代到40年代）最受好莱坞电影艺术家们推崇的科学明星——他成为了卓别林、赫胥黎、海斯和赫斯特的朋友，甚至知己。随着社会地位和经济实力的提高，哈勃自身也发生了彻底改变。哈勃原本是一个来自美国中西部的普通人，现在他成了一个富裕的、跟好莱坞巨星交往甚密的人物——可以推论，他是一个骨子里就带有动态造型、艺术基因且运动跨度极大的天文学家。

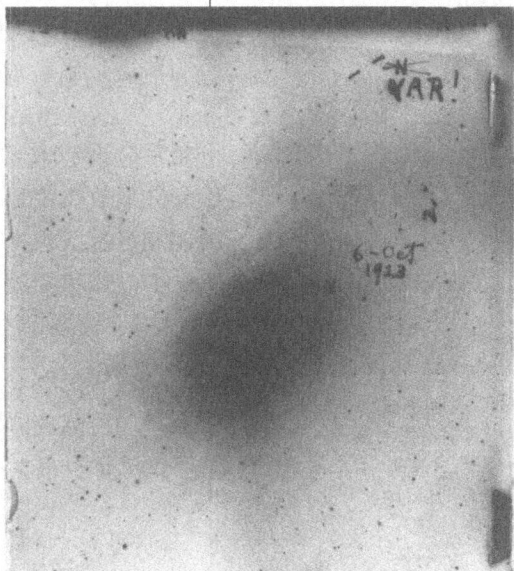

他先划掉"新星（N）"，然后写下了"变星（VAR）"，并在其后加了一个感叹号，强调这个发现的重要性

河外星系形态的分类艺术家

　　给人的感觉是，哈勃只要是想做就能成功——他的想

像个参加现代化战争的战士——
哈勃操作着"现代化武器"

象力和实践能力同在，同时科学美与运动美的审美能力也并存：喜欢运动他就能成为健将级的运动家，入伍就能升至上校的位置，酷爱天文学他就发现了天大的秘密……

他提出的"哈勃分类"（可直观地体现为"哈勃音叉图"）是宇宙时空中星系级别的天体分类，是在他对河外星系洞察发现的基础上，由他自己开阔视野再加上自身的归类能力造就的——兼顾星系形态的形象性和演化性质的抽象性来归类，这种"兼顾"就造成了科学中的艺术性。比如，我们的太阳系所处的银河系就被哈勃分至优美的旋涡星系类别——它也可能是宇宙中最成熟和最稳定的类别。

像许多理论研究者一样和烟斗、书案形影不离——哈勃具有观察家般的、直达星云世界本质的洞察力

在威尔逊山天文台，哈勃巧妙地把星系分门别类，得到了一张整齐有序、形如音叉的图。椭圆星系构成了"音叉"的"主枝"，并按椭圆率的逐渐增大排列；而普通旋涡星系和棒旋星系各成一枝，相互平行，构成了"音叉"的"枝丫"。这张图是按星系的外形分类的，比如，从正面看，E0星系应该是球形的系统或者扁平的椭圆系统。哈勃把迷人的S0星系放在"音叉"三枝的结合点，这类星系兼有椭圆星系和旋涡星系的特征。它们就像旋涡星系一样，形似盘状，但缺少气体和旋涡结构，因此又类似于扁平的椭圆星系。事实上它们看起来就像是去除了气体和尘埃的旋涡星系。

在音叉图上，从左向右，即从椭圆星系到旋涡星系，星系里的星际气体不断增多。椭圆星系里的气体很少；S0星系里的气体也很少；而对旋涡星系来说，气体从Sa和SBa到Sc和SBc逐渐增多。与椭圆星系相比，旋涡星系的旋转效应更为明显。刚开始人们认为星系是沿着"音叉"从左向右演化的（这就是左边的星系被称作早期型星系，而右边的星系被称为晚期型星系的原因），后来人们又认为星系是从右向左演化的。现在天文学家

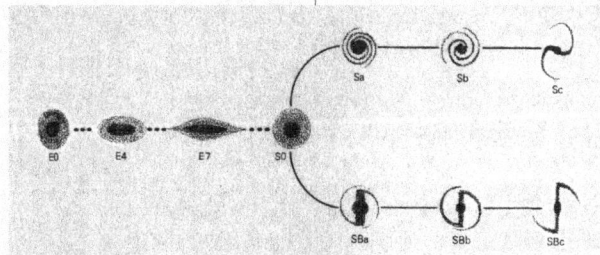

哈勃音叉图——其中椭圆星系位于左侧的序列，椭圆率（从左往右）不断增大；而旋涡星系则位于右侧的两个平行序列

们认为那种沿着音叉进行的重大演化是不可能的，把椭圆星系和旋涡星系区别开来的基本性质从它们诞生的那一刻起就

确定下来了。

　　前面已讲过，哈勃最重要的发现是星系光谱的红移现象——反推下去，宇宙在过去要比现在小，再反推下去，宇宙起源于一场大爆炸，这就决定了哈勃的发现只是宇宙演化过程的短暂一瞬，而正是这种演化过程的某个阶段才使人类得以出现——这也就是天文学家将哈勃与哥白尼等相提并论的原因。他的主要著作有《星云世界》《用观测手段探索宇宙学问题》，两本书都是现代天文学名著。他曾经获得太平洋天文学会奖章和英国皇家天文学会金质奖章。

　　1990年，美国国家航空航天局（NASA）发射了一架空间望远镜，为纪念哈勃的丰功伟绩，将其命名为"哈勃空间望远镜"。这是NASA"大天文台计划"的4架空间望远镜中的第一架，也是被全世界人们最熟知、最接地气的一架，因为它所拍摄的图片，肉眼就可以直观地读懂和理解。另外3架分别为：康普顿γ射线天文台、钱德拉X射线天文台、斯必泽红外空间望远镜。哈勃空间望远镜以光学与近红外观测为主。这4架空间望远镜覆盖了电磁波的全波段，为人类认识广袤的宇宙做出了划时代的伟大贡献。

　　一座直径80千米的月球环形山被命名为"哈勃山"，并于1964年获得国际天文学联合会的批准。桑德奇在纪念哈勃

生前只能在地面观察天象的哈勃（左），想不到去世后能翱翔在太空遥看宇宙（哈勃空间望远镜）（右）

诞辰100周年时指出，哈勃的名字已经与许多天文学理论、常数和设备联系在一起：哈勃隐带、哈勃星系类型、哈勃序列、哈勃反射星云光度定律、哈勃椭圆星系光度曲线、哈勃常数、哈勃时间、哈勃图、哈勃红移–距离关系、哈勃宇宙半径，还有现在的哈勃空间望远镜。在哈勃诞辰100周年之际，用这种方式纪念这位科学家是恰如其分的，哈勃一直以来都被很多人看作是继伽利略、开普勒和牛顿之后（在改变既定模式方面）最伟大的天文学家。

致　谢

涉及科学的问题总要追根寻源、讲究因果联系，即每一种事物的产生必有其连带关系——这本揭示科学与艺术存在深层关联之书的诞生也是如此。

自中学时代起，我便开始自发地进行美术的基本功训练和创作，但由于当时形势和环境的影响，幼时萌发的绘画兴趣多实用于宣传和漫画等；与此同时，由于一些特殊的机会，我开始零散地接受到西方传统绘画技法和思想以及同学在大学任教的家长（包括著名建筑学家、中国工程院院士钟训正）的美术作品的影响。

虽然所接受的高等教育和后来的工作与个人兴趣无关，但基于自身对艺术与科学的双重热爱，自20世纪80年代在《中国环境报》等报刊发表科学漫画作品后，我就和艺术与科学融合的"科学美术"结下了不解之缘［"科学美术"的概念源于本书（下册）所描述的主人公之一的钱学森］。近40年来，我相继在国内各级报刊、科普杂志上发表了上百幅各类美术作品，并常参加一些感兴趣的科普美展和赛事。尤其是近些年来，随着我国科普事业的快速发展和国内外学术界对"科学与艺术统一"的越发认同，个人已将创作目标锁定在科学美术方向，并不断尝试一些新的、适于画作内容和性质的个性化表现手法。

在此期间，因为我的一些带有科学性的绘画作品的发表和展示活动产生了一定影响，以及拥有志同道合的朋友，我有机会认识了当时江苏一些活跃的美术家，其中就有知名人物肖像画家禹天成和著名科学美术家吴同椿先生，而后者正是引领我正式走上科学美术创作之路的人——当时他是江苏省科普美术家协会秘书长和中国科普作家协会科学美术专业委员会副主任，创作过《天工开物》和"星云美术系列"等有影响的美术作品。另外，我结识的同好还有山水画家张宏生等。

2006年，经由吴同椿先生等江苏省科协与相关艺术院校专家的评选，我的《生长的数形》等6幅科学美术作品（个人入选作品最多）参加了江苏省"艺术与科学"美展，并获得了专家的肯定和观众的好评；2009年，我的环境科学漫画《无题》（又名《无奈的进化》）入选文化部、中国文联、中国美术家协会庆祝中华人民共和国成立60周年——"向祖国汇报"第十一届全国美展；2010年，科学漫画作品《生死抗争》入选由中国美术家协会等主办的"全国首届生态环境动漫展"，《理想国之门》获得由江苏省美术家协会参与主办的江苏省漫画比赛一等奖。

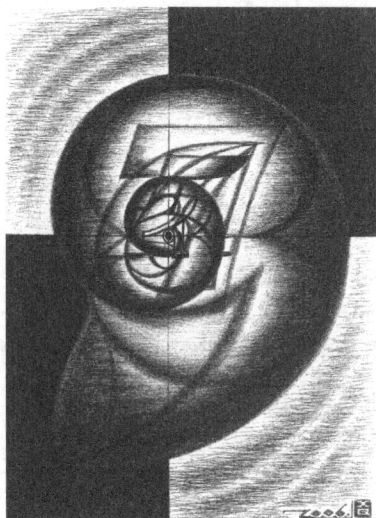

《生长的数形》

《回望宇宙》

在科学美术理论研究上，我的专业论文《"美"是科学与艺术的共同元素》入选了江苏省科普美术家协会第五次代表大会论文集，我还在大会上做了交流发言；2007年，《刘夕庆科学 科普画集》由南京大学出版社正式出版。

2009年，我的《科学美术与大美境界》一文发表于中国科普作家协会的官方网站。正是由于此文得到汤寿根先生的欣赏，我才初识了这位国内科普界的老前辈——他是中国科普作家协会第四届理事会副理事长和终身荣誉理事，也是我国科普界科学与艺术应当深度融合的积极倡导者。据我所知，他的大作《科普美学》已付印出版，在国内此领域此书恐怕是一开山之作。

　　由于汤老先生的介绍并经多方合作，"刘夕庆科学美术作品展"最终在日照市科协主席徐立永和该市科技馆馆长李志毅先生的关心下，于2015年9月1日"第八届海峡两岸科普论坛"期间在山东省日照市少年宫开幕。汤寿根先生为这次画展写了序——我个人认为，他是少有的认真看过并且意识到我的画作同时具有科学意义与艺术价值的人。

《飞鸽化弯月》

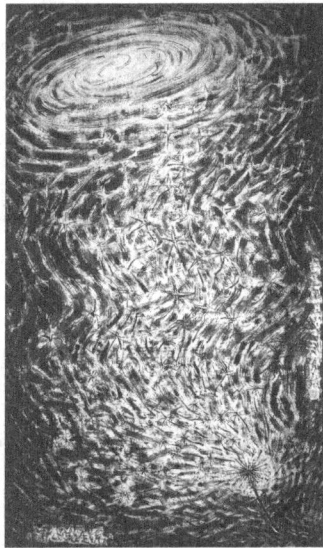

《蒲公英–银河系》

　　画展受到与会的来自祖国大陆、台湾地区等地众多科普专家和学者的好评，其中就有参加"第八届海峡两岸科普论坛"并做大会交流发言"科学遇见艺术——串珠分子模型的异想世界"的台湾大学化学系金必耀教授。我强烈地感到，他对科学与艺术融合的关注以及在这方面采取的实际行动比起我来可能有过之而无不及，这使我在整个论坛期间有了一个极好的知音和话友。他认为，我的一些科学美术作品采用了中国传统的绘画技法，娴熟且形象地描绘了自然宇宙和数理结构之深刻变化，应该在更高雅的殿堂上让人们欣赏，并再三敦促我以后一定要参加有关科学与艺术的国际性展评，我也答应他准备试一试。

中国科协副主席程东红、日照市党政和科协领导等在参观"刘夕庆科学美术作品展"

参观过展览，日照市部分青少年代表及该市科技馆、少年宫领导与汤寿根、刘夕庆合影

画展的反应是热烈的——日照市少年宫的一位女负责人说，他们这个大厅从来没有展出过科学性和艺术性都如此之高的美术作品，必将给日照市青少年带来艺术上的享受和科学上的知识传授；后来他们还将此次展览活动上报中国科普中心，并以"刘夕庆科学美术作品欣赏"的形式在其官方网站上刊登，以便让全国青少年爱好者都能欣赏到。

2017年1月，我的《绘画"讲述"的科学故事》经专业评委评选，入选了由中国科普作协、北京市科协、蝌蚪五线谱网站举办的"2016十佳新锐科普创客大赛"的十佳。

本书作者（左二）和年轻人一同接受中科院院士、中国科普作家协会第七届理事会理事长周忠和（右一）的颁奖

在本书即将正式出版之际，我要诚心诚意地感谢上述支持我一路走来的专家和领导、朋友与知音——感谢他们指引我走上了一条较少人选择的探求之路并取得了一定的成绩。此外，还要感谢我的家人——我的夫人邓玲萍和孩子以及亲家让我在创作期间衣食无忧而又免受打扰，即使在完稿之前、我岳父因病离世的日子里，他们也尽量如此，让我深感

《德布罗意——物质波》

《海森堡——不确定性原理》

亲情的可贵。在此，我也要借本书的问世来告慰我在天国的母亲和岳父大人。

刘夕庆

2017年4月于紫金山东麓

参考文献

[1] 麦克·哈特.影响人类历史进程的100名人排行榜[M].赵梅，等译.海口：海南出版社，1999.

[2] 伦纳德·史莱因.艺术与物理学[M].暴永宁，吴伯泽，译.长春：吉林人民出版社，2001.

[3] 易杰雄.世界十大思想家[M].合肥：安徽人民出版社，1990.

[4] 约翰·格里宾，等.科学简史[M].张帆，等译.济南：山东画报出版社，2006.

[5] 皮特·莫尔.改变世界的发现[M].唐安华，粟进英，译.长沙：湖南科学技术出版社，2008.

[6] 郭奕玲，沈慧君.诺贝尔物理学奖一百年[M].上海：上海科学普及出版社，2002.

[7] 罗宾·J.威尔逊.邮票上的数学[M].李心灿，邹建成，郑权，译.上海：上海科技教育出版社，2002.

[8] 时代生活出版公司.人类1000年[M].21世纪杂志社，译.上海：上海三联书店，1999.

[9] 弗里德里希·赫尔内克.原子时代的先驱者[D].徐新民，贡光禹，郑幕琦，译.北京：科学技术文献出版社，1981.

[10] 埃米里奥·赛格雷.从X射线到夸克——近代物理学家和他们的发现[M].夏孝勇，杨庆华，庄重九，梁益庆，译.上海：上海科学技术文献出版社，1984.

[11] 笛卡儿.笛卡儿几何[M].袁向东，译.北京：北京大学出版社，2008.

[12] 文池.宇宙简史：无限宇宙中的无穷智慧[M].北京：线装书局，2002.

[13] 克利福德·A.皮克奥弗.从阿基米德到霍金[M].何玉静，刘茉，译.上海：上海科技教育出版社，2014.

[14] 杨建邺，李思梦，克乾，刘鹤龄.世界科学五千年[M].武汉：武汉出版社，1996.

[15] 吴国盛.科学的历程[M].长沙：湖南科学技术出版社，2013.

[16] Tom Jackson.数学之旅[M].顾学军，译.北京：人民邮电出版社，2014.

[17] 雅·布伦诺斯基.科学进化史[M].李斯，译.海口：海南出版社，2001.

[18] 克莱尔·邓恩.世界心理学鼻祖：荣格传记[M].王东东，宋小平，译.西安：世界图书出版西安有限公司，2014.

[19] 孟德尔，等.遗传学经典文选[M].梁宏，王斌，译.北京：北京大学出版社，2012.

[20] 达尔文.达尔文回忆集[M].毕黎，译.北京：商务印书馆，1982.

[21] Alan Light.爱因斯坦vs牛顿[J].何俞嵩，译.科学，2004（11）.

[22] 刘夕庆.当绘画引入几何元素[J].知识就是力量，2016（2）.

[23] 谁都能懂得量子论：上篇[J].王鸣阳，译.科学世界，2006（7）.

[24] 刘夕庆.当绘画融入宇宙元素[J].知识就是力量，2016（3）.

[25] 刘夕庆.当绘画融入发明元素[J].知识就是力量，2015（10）.

[26] 刘夕庆.当绘画糅入时空元素[J].知识就是力量，2016（6）.

[27] 约翰·巴罗.艺术与宇宙[M].舒运祥，译.上海：上海科学技术出版社，2001.

[28] 杨舰，戴吾三.历史上的科学名著[M].武汉：湖北教育出版社，2002.

[29] 周兆平.破解电磁场奥秘的天才：麦克斯韦[M].合肥：安徽人民出版社，2001.

[30] 杰克·查洛纳.发明天才：他们这样改变世界[M].龙金晶，李苗，霍菲菲，译.北京：人民邮电出版社，2014.

[31] 刘夕庆.玩转科学艺术的爱因斯坦[J].科学24小时，2015（5）.

[32] 皮埃尔·巴班.弗洛伊德：科学时代的解梦师[M].黄发典，译.长春：吉林出版集团有限责任公司，1999.

[33] 弗兰克·J.萨洛韦.天生反叛[M].曹精华，何宇光，等译.南京：江苏人民出版社，1998.

[34] 魏格纳.海陆的起源[M].李旭旦，译.北京：北京大学出版社，2007.

[35] 哥白尼.天体运行论[M].叶式辉，译.北京：北京大学出版社，2006.

[36] 黎金.爱迪生[M].北京：少年儿童出版社，1978.

[37] 卡尔文·C.克劳森.数学旅行家：漫游数王国[M].袁向东，袁钧，译.上海：上海教育出版社,2001.

[38] 弗朗西斯·特里维廉·米勒.人类惠师：爱迪生[M].春凤山，子祥，译.北京：中国出版集团现代出版社，2012.

[39] 布赖恩·考克斯，安德鲁·科恩.人类宇宙[M].杨佳，丁亚琼，张洋，黄睿睿，陈鹏，译.北京：人民邮电出版社，2016.

[40] 彼得·迈克尔·哈曼.19世纪物理学概念的发展[M].龚少明，译.上海：复旦大学出版社，2000.

[41] 爱因斯坦.爱因斯坦文集[M].范岱年，赵中立，许良英，编译.北京：商务印书馆，1979.

[42] S.罗森塔耳.关于尼尔斯·玻尔的一些回忆[M]. 成幼殊，林桦，译.南京：江苏教育出版社，1994.

[43] 蔡景峰，李希泌，等.中国古代科学家的故事[M].北京：中国少年儿童出版社，1978.

[44] 辛可.哥白尼和日心说[M].上海：上海人民出版社，1973.

[45] 牛顿.自然哲学的数学原理[M].王克迪，译.北京：北京大学出版社，2006.

[46] 安德鲁·罗宾逊.爱因斯坦：相对论100年[M].张卜天，译.长沙：湖南科学技术出版社，2016.

[47] 鲍·格·库兹涅佐夫.伽利略传[M].陈太先，马世元，译.北京：商务印书馆，2001.

[48] 伽利略.关于托勒密和哥白尼两大世界体系的对话[M].周煦良，等译.北京：北京大学出版社，2006.

[49] Balibar.爱因斯坦：思考的乐趣[M].陈开基，译.上海：汉语大词典出版社，2001.

[50] "大科学家的真实故事"编写组.大科学家的真实故事：达尔文，哥白尼[M].西安：未来出版社，1999.

[51] 达尔文.物种起源[M].舒德干，等译.北京：北京大学出版社，2005.

[52] Jean Pierre Maury.牛顿：天体力学的新纪元[M].林成勤，译.上海：汉语大词典出版社，2001.

[53] 詹姆斯·W.麦卡里斯特.美与科学革命[M].李为，译.长春：吉林人民出版社，2000.

[54] R.穆耳.尼尔斯·玻尔[M].暴永宁，译.北京：科学出版社，1982.

[55] 欧几里得.几何原本[M].燕晓东，编译.北京：人民日报出版社，2005.

[56] 阿瑟·I.米勒.爱因斯坦·毕加索：空间、时间和动人心魄之美[M].方在庆，伍梅红，译.上海：上

海科技教育出版社，2003.

[57] 盖尔·E.克里斯汀森.牛顿与科学革命[M].陈明璐，李麟，译.天津：百花文艺出版社，2001.

[58] 西奥妮·帕帕斯.数学的奇妙[M].陈以鸿，译.上海：上海科技教育出版社，2008.

[59] 曹则贤.一念非凡：科学巨人是怎样炼成的[M].北京：外语教学与研究出版社，2016.

[60] 海伦·杜卡斯，巴纳什·霍夫曼.爱因斯坦短简缀编[M].傅善增，译.天津：百花文艺出版社，2000.

[61] 杰勒密·伯恩斯坦.爱因斯坦与物理学的边疆[M].任东升，译.天津：百花文艺出版社，2001.

[62] Z.罗森克朗兹.镜头下的爱因斯坦[M].李宏魁，译.长沙：湖南科学技术出版社，2005.

[63] F.卡普拉.物理学之道：近代物理学与东方神秘主义[M].朱润生，译.北京：北京出版社，1999.

[64] 皮埃尔·弗雷德里斯.勒内·笛卡尔先生在他的时代[M].管震湖，译.北京：商务印书馆，1997.

[65] 约翰·H.布鲁克.科学与宗教[M].苏贤贵，译.上海：复旦大学出版社，2000.

[66] 乔纳·莱勒.帕里斯特是个神经学家[M].庄云路，译.杭州：浙江人民出版社，2014.

[67] 爱德华·哈里森.宇宙学[M].李红杰，姜田，李泳，译.长沙：湖南科学技术出版社，1999.

[68] 刘夕庆.艺术与科学的联系自然天成[C].北京：科普与中国梦高层论坛暨2014年学术年会论文集，2014.

[69] 赵中立，许良英.纪念爱因斯坦译文集[M].上海：上海科学技术出版社，1979.

[70] 胡翌霖.科学文化史话[M].北京：北京大学出版社，2014.

[71] 温迪·普兰.科学与艺术中的结构[M].曹博，译.北京：华夏出版社，2003.

[72] 约翰·D.巴罗.无之书：万物由何而生[M].何妙福，傅承启，译.上海：上海科技教育出版社，2003.

[73] 刘夕庆.爱因斯坦，奇迹的人生演绎——纪念爱因斯坦创立广义相对论100周年[J].知识就是力量，2015（11）.

[74] 罗伯特·斯奈登.科学地平线：生命[M].徐冰，译.长春：长春出版社，1998.

[75] 罗伯特·斯奈登.科学地平线：宇宙[M].郑俊，译.长春：长春出版社，1998.

[76] 罗伯特·斯奈登.科学地平线：能量[M].徐凯波，译.长春：长春出版社，1998.

[77] 基斯·德夫林.数学：新的黄金时代[M].李文林，袁向东，李家宏，包芳勋，译.上海：上海教育出版社，1997.

[78] 伊法尔·埃克朗.计算出人意料：从开普勒到托姆的时间图景[M].史树中，白继祖，译.上海：上海教育出版社，1999.

[79] T.帕帕斯.数学趣闻集锦（上下册）[M].张远南，张昶，译.上海：上海教育出版社，1998.

[80] 刘夕庆.当绘画注入科学元素[J].知识就是力量，2015（3）.

[81] 刘夕庆.爱因斯坦与上海的跨世纪之缘[J].科学画报，2015（4）.

[82] 林恩·阿瑟·斯蒂恩.站在巨人的肩膀上[M].胡作玄，译.上海：上海教育出版社，2000.